ALBUM

et

CALCULS DE RÉSISTANCE

DE

FERS

MARCHANDS et SPÉCIAUX

par

EMILE CARTIER

Ancien élève de l'Ecole centrale des Arts et Manufactures.

Prix : 5 francs.

PARIS

Librairie Scientifique, industrielle et Agricole de E. LACROIX.

15. Quai Malaquais. 15.

Broise et Thieffry, Autographes et Impr. lithog. Rue de Dunkerque. 69. Paris.

1862.

Note.

Quelques renseignements sur le Commerce des Fers et un certain nombre de résultats de calculs sur la résistance des barres de ce métal, c'est tout ce que renferment ces feuilles.

Qui voudra se rendre compte des expériences et des calculs qui ont conduit à ces résultats, pourra consulter les Ouvrages spéciaux des savants professeurs Mr J. B. Belanger et Mr Arthur Morin et le remarquable Traité des Ponts Métalliques de MM. L. Molinos et C. Pronnier.

(C.)

Fers Laminés.

Fers Marchands.
Fers Spéciaux.

Sous le rapport de la forme, les fers laminés en barres se divisent en deux Catégories: 1° les fers Marchands, qui comprennent les ronds, plats & carrés de toutes dimensions; 2° les fers Spéciaux, ceux dont le contour de la section transversale offre d'autres formes que les précédentes. Ces derniers sont quelquefois aussi dénommés fers Irréguliers.

Dimensions des fers Marchands.

L'état actuel de la métallurgie en France permet de fabriquer au laminoir des fers marchands de toutes les dimensions comprises: pour les plats, entre 10 et 600 millimètres de largeur et de 1 à 80 millimètres d'épaisseur; — pour les ronds, entre 3 et 250 millimètres de diamètre; — pour les Carrés, entre 3 et 160 millimètres de côté.

Mais les magasins des marchands de fer ne sont habituellement approvisionnés que d'un certain nombre de ces dimensions, qui sont chez tous à peu près les mêmes. Elles correspondent généralement aux anciennes mesures, et la liste en est donnée dans la deuxième colonne du Tableau de fers Marchands[1]. Dans la première colonne du Tableau se trouvent les dénominations appliquées dans le commerce aux barres de ces dimensions.

Modèles de fers Spéciaux.

Les modèles des fers spéciaux qu'on fabrique maintenant sont très-nombreux. C'est en France qu'il en existe le plus grand nombre et tous les jours on en crée de nouveaux. Les modèles représentés dans cet Album forment une série complète et sont tous exécutés.

Longueur des Barres.

La longueur des barres de fer laminé est actuellement limitée au poids d'environ 1000^{k} pour les grosses dimensions ne présentant pas, relativement à leur volume, beaucoup de surface. Mais pour les petites et moyennes dimensions et pour celles dont le développement du contour de la section transversale est très-grand, on est loin de pouvoir atteindre ce poids; on s'en tient alors aux poids de 300 à 500 kilos.

Les fers marchands qu'on trouve dans les magasins de fer sont le plus souvent en barres de 5 à 6 mètres de longueur.

Poids des fers.

Après plusieurs expériences faites sur des fers N° 2, qui sont ceux qu'on emploie le plus, j'ai adopté, comme base des calculs des poids des fers, celui de 7700 kilos le mètre cube. Et à cette occasion j'ai constaté, ce qui déjà avait été signalé par plusieurs expérimentateurs, une grande variation de densité dans les fers du commerce. Cette variation du reste, s'explique facilement par la diversité des matières premières qu'on emploie et les différences de température, de compression et de vitesse qui existent dans la fabrication du fer.

Résistance du fer.

Pour les différents modes de résistance dont il est question dans ces feuilles: Extension, Compression, Flexion, le poids de 7 kilos pour travail du fer par millimètre carré a été adopté comme réunissant les conditions d'économie et de sécurité.

Si l'on désire faire travailler le fer à un coëfficient plus ou moins élevé que celui-ci, il suffira d'augmenter ou de diminuer d'un septième les chiffres des tableaux, par chaque kilo de différence entre 7 kilos et le coëfficient qu'on adoptera. En opérant ainsi, on n'aura il est vrai, qu'une approximation pour la résistance à la flexion, parceque, dans ces calculs, il a été tenu compte du poids des pièces, mais cette approximation sera suffisante pour la pratique.

(1) Voir pages 9 à 11.

Extension.

Pour déterminer la force de traction qui peut être appliquée à une barre de fer dans le sens de sa longueur, d'une manière permanente et sans crainte de rupture, il suffit de multiplier par 7 la section transversale de la barre exprimée en millimètres. Le résultat ainsi obtenu représente la force en kilogrammes.

La 4e colonne du tableau de fers marchands donne la surface en millimètres des sections transversales des barres dont les dimensions sont indiquées dans la 2e colonne.

Exemple : On peut suspendre avec sécurité à une barre carrée de 20 m/m, dans le sens de sa longueur, un poids de 2800 kilos, parceque la section transversale de cette barre est de 400 et que $400 \times 7 = 2800$.

S'il s'agit de fers spéciaux dont l'aire de la section transversale soit difficile à déterminer directement et dont on connaisse le poids du mètre courant, il suffit de diviser ce poids exprimé en kilos par 0,0077 pour obtenir en millimètres la surface cherchée. Il ne reste plus alors qu'à multiplier par 7 le nombre obtenu pour avoir en kilos la force de traction qu'on peut appliquer à la barre dans son sens longitudinal.

On peut encore connaissant le poids du mètre courant d'une barre, calculer directement l'effort de traction qu'elle peut supporter dans les conditions précédentes en multipliant le poids du mètre courant exprimé en kilos par 909,09.

Compression.

Mr le Général Morin, dans son ouvrage sur la Résistance des Matériaux, s'exprime ainsi à propos du fer.

« Entre les limites où les compressions sont proportionnelles aux charges, le fer « se comprime beaucoup moins que la fonte. »

« Ainsi, bien que la rupture par compression arrive plus tard ou sous de plus fortes « charges pour la fonte que pour le fer, comme la fonte se déforme davantage à charge égale, il y a « en général, lieu de préférer le fer à la fonte, même dans ce cas, à moins que l'économie n'ait « une grande importance. »

Colonnes en fer.

Ces observations m'ont conduit à déterminer les poids que peuvent supporter des colonnes pleines en fer et à en dresser un tableau, à l'aide de la formule pratique indiquée par Mr Love représentant les résultats des expériences de Mr Hodgkinson. Comme il est dit plus haut, j'ai pris 7 kilos pour valeur de R dans cette formule.(1)

Mr Morin, après avoir donné dans son ouvrage un tableau comparatif des dimensions des colonnes pleines en fonte et en fer et des charges qu'on peut leur faire supporter, ajoute :

« L'examen de ces tables montre, et Mr Love avait déjà signalé dans son Mémoire « ce fait remarquable admis dans la pratique des ingénieurs anglais, qu'au delà d'une « hauteur égale à trente fois environ le diamètre, les colonnes pleines en fer peuvent « supporter des charges plus fortes que les colonnes en fonte. Ce résultat est d'ailleurs « d'accord avec les expériences de Mr Hodgkinson.

(1) MM. H. de Dion et Lasvignes rapportent, dans leur ouvrage sur les travaux récents de la Cathédrale de Bayeux, avoir fait travailler le fer à la compression, sans inconvénient et pendant longtemps, à plus de 10 kilos par millimètre carré.

Tableau des dimensions des Colonnes pleines en Fer, et des Charges qu'on peut leur faire supporter avec sécurité.

Diamètres en millimètres.	Hauteurs en mètres.	Charges des Colonnes.
29	1,^{m}000	2 148 Kilos
	1,250	1 863
	1,500	1 599
	1,750	1 371
	2,000	1 175
36	1,^{m}000	3 711
	1,300	3 239
	1,600	2 805
	1,900	2 423
	2,200	2 083
41	1,^{m}000	5 191
	1,300	4 507
	1,600	4 000
	1,900	3 526
	2,200	3 090
	2,500	2 709
45	1,^{m}000	6 183
	1,300	5 649
	1,600	5 105
	1,900	4 561
	2,200	4 046
	2,500	3 601
	2,800	3 189
50	1,^{m}000	7 852
	1,200	7 483
	1,400	7 079
	1,600	6 665
	1,800	6 251
	2,000	5 847
	2,200	5 453
	2,400	5 080
	2,600	4 728
	2,800	4 399
	3,000	4 093

Diamètres en millimètres.	Hauteurs en mètres.	Charges des Colonnes.
54	1,^{m}300	8 766 Kilos
	1,700	7 817
	2,100	6 939
	2,500	6 110
	2,900	5 361
	3,300	4 687
60	1,^{m}500	10 631
	1,750	10 021
	2,000	9 398
	2,250	8 780
	2,500	8 178
	2,750	7 603
	3,000	7 058
	3,250	6 548
	3,500	6 074
65	2,^{m}000	11 407
	2,250	10 802
	2,500	10 142
	2,750	9 480
	3,000	8 864
	3,500	7 742
	3,750	7 235
70	2,^{m}000	13 742
	2,500	12 209
	3,000	10 905
	3,500	9 620
	4,000	8 470
	4,500	7 440
	5,000	6 560
75	2,^{m}500	14 653
	3,000	13 156
	3,500	11 711
	4,000	10 410
	4,500	9 220
	5,000	8 201
	5,500	7 292

Diamètres en millimètres.	Hauteurs en mètres.	Charges des Colonnes.
80	2,^{m}500	17 263 Kilos
	2,750	16 432
	3,000	15 636
	3,250	14 802
	3,500	14 020
	3,750	13 268
	4,000	12 548
	4,500	11 214
	5,000	10 020
	5,500	8 997
	6,000	8 069
88	3,^{m}000	19 983
	3,500	18 182
	4,000	16 497
	4,500	14 882
	5,000	13 460
	6,000	10 970
95	3,000	24 202
	4,000	20 335
	5,000	16 875
	6,000	13 976
	6,500	12 754
100	2,500	29 535
	3,000	27 493
	3,500	25 417
	4,000	23 391
	4,500	21 432
	5,000	19 607
	5,500	17 920
	6,000	16 377
	6,500	14 978
107	3,^{m}000	32 278
	4,000	27 975
	5,000	23 842
	6,000	20 109
	6,500	18 512

Diamètres en millimètres.	Hauteurs en mètres.	Charges des Colonnes.
115	3,^{m}000	38 466 Kilos
	4,000	35 813
	5,000	29 080
	6,000	24 983
	6,500	23 080
120	3,^{m}000	42 333
	4,000	37 518
	4,500	35 183
	5,000	32 711
	6,500	26 212
125	3,^{m}000	46 683
	4,000	41 607
	5,000	36 551
	6,000	30 568
	7,000	27 531
130	3,^{m}000	51 050
	4,000	45 768
	5,000	40 572
	6,000	35 462
140	3,^{m}000	60 534
	4,000	54 975
	5,000	49 201
	6,000	43 623
150	3,^{m}000	70 745
	3,500	67 930
	4,000	64 940
	4,500	61 860
	5,000	58 740
	5,500	55 710
	6,000	52 600
	6,500	49 650
	7,000	46 820
160	3,^{m}000	81 353
	4,000	75 263
	5,000	68 291
	6,000	62 275
170	3,^{m}000	92 915
	4,000	86 892
	5,000	79 842
	6,000	72 885

Flexion.

Pièce reposant sur deux appuis placés à ses extrémités et chargée d'un poids permanent uniformément réparti.

Tous les résultats de calculs de résistance à la flexion donnés dans cet album ont été établis pour le cas de barres reposant librement sur deux appuis placés à leurs extrémités et chargées de poids permanents uniformément répartis.

Parmi les fers marchands, il n'a été fait de calculs que pour les barres dont l'épaisseur égale au moins le quart de la largeur; car lorsqu'une barre de fer a en largeur plus de quatre fois son épaisseur elle ne présente plus beaucoup de stabilité. Ces barres sont supposées placées de champ.

Pour les fers ronds et carrés et pour certains fers spéciaux qui sont moins employés que les autres pour résister à la flexion, je n'ai calculé que le rapport $\frac{I}{V}$. Il sera facile de déterminer, pour le cas de résistance dont il vient d'être question, la charge que ces fers peuvent supporter avec sécurité, à l'aide de la formule :

$$P = \frac{56}{L}\,\frac{I}{V} - p'$$

P poids total en kilos uniformément réparti, dont on peut charger la barre;

L portée de la barre en mètres;

$\frac{I}{V}$ valeur donnée dans l'album;

p' poids de la barre.

Maintenant nous allons voir qu'on peut, de ce cas particulier, passer à d'autres conditions de résistance à l'aide de calculs très simples et donnant une approximation suffisante pour la pratique.

Pièce reposant sur deux appuis placés à ses extrémités et chargée d'un poids permanent au milieu de sa longueur. Le poids qu'elle supportera ainsi ne devra être que la moitié de celui du cas précédent. On n'aura donc qu'à diviser par deux les résultats donnés dans les tableaux pour obtenir le poids cherché.

Pièce reposant sur deux appuis placés à ses extrémités et chargée à la fois d'un poids au milieu et d'un autre uniformément réparti. Multipliant par deux le poids du milieu et additionnant le résultat avec le poids uniformément réparti, on aura un total qu'on pourra considérer comme uniformément réparti et les dimensions indiquées dans l'album pour ce total conviendront pour le cas de résistance dont il s'agit.

Pièce encastrée par une extrémité et chargée à l'autre extrémité d'un poids unique. Le poids ainsi placé ne devra être que le quart de celui donné dans les tableaux pour la même pe[...] et les mêmes dimensions.

Pièce encastrée par une extrémité et chargée uniformément sur toute sa longueur. La charge ne serait alors que la moitié de celle indiquée dans les tableaux pour même portée et même section transversale.

Pièce encastrée par une de ses extrémités et sollicitée à la fois par une charge uniformément répartie et par une autre appliquée à l'extrémité de la pièce opposée à l'encastrement. On multiplierait par deux le poids placé à l'extrémité et en additionnant le résultat avec le poids uniformément réparti on aura un poids total pour lequel il faudrait agir comme dans le cas précédent.

Pièce encastrée

Pièce encastrée par ses deux extrémités et sollicitée par une charge uniformément répartie sur toute la longueur. Les poids des tableaux pourront être augmentés de moitié; donc on les multipliera par 1.50.

Pièce encastrée par ses deux extrémités et sollicitée par une charge unique placée au milieu de sa longueur. Les charges indiquées dans les tableaux pourront être adoptées sans aucun changement.

Encastrement. Pour qu'une barre soit encastrée dans un mur, il faut que l'extrémité qui y pénètre y soit maintenue de manière à n'éprouver aucun mouvement, quelle que soit la charge qu'on applique sur l'autre partie de la barre. On obtient difficilement l'encastrement complet dans les constructions de bâtiment.

Encastrement partiel. Solives. Dans la construction des planchers la longueur de pénétration n'est que de 0.^{m}30 à 0.^{m}50 et ne suffit pas pour assurer complètement l'encastrement. Il faut donc, en général, considérer les barres comme si elles étaient simplement posées librement sur deux points d'appui.

Cependant si dans ces constructions, les barres sont placées avec soin et si elles sont bien scellées dans la maçonnerie, on peut considérer l'encastrement comme partiel et alors augmenter d'un quart les charges indiquées dans les tableaux de cet album.

Pièce posée librement sur deux appuis placés à ses extrémités et chargée : 1° d'un poids P uniformément réparti ; 2° d'un poids Q distant des appuis des quantités l' et l''. Ce cas s'applique aux planchers ayant à supporter un refend placé perpendiculairement à la longueur des solives. La formule est

$$\frac{I}{V'} = \frac{l'\,l''}{7\,L}\left(Q + \frac{P}{2}\right).$$

l' l'' exprimés en mètres;

Q et P en kilogrammes;

L distance en mètres entre les 2 appuis = l' + l''.

Ayant ainsi déterminé la valeur de $\frac{I}{V'}$ qui conviendra pour le cas en question, on pourra choisir dans l'album le modèle dont la valeur $\frac{I}{V'}$ se rapprochera le plus de celle trouvée.

Poids des planchers et cloisons Pour les planchers ordinaires des maisons d'habitation à Paris, on admet généralement le poids de 280 kilos par mètre carré, y compris la surcharge de 70 à 80 kilos pour personnes et meubles.

Le poids des cloisons est évalué en général à 100^{kil} le mètre carré.

$\frac{I}{V'}$ Le rapport $\frac{I}{V'}$ a été calculé de manière à n'avoir qu'à le multiplier par l'effort que l'on veut faire supporter au fer par millimètre carré, pour avoir le moment de résistance. Si on veut avoir la valeur $\frac{I}{V'}$ en rapportant toutes les unités au mètre, il faut diviser les nombres donnés dans les tableaux pour cette valeur par 1.000.000; mais alors s'il s'agit d'obtenir le moment de résistance, c'est l'effort à faire supporter au fer par mètre carré qu'il faut prendre pour 2^d facteur.

$\frac{\left(\frac{I}{V'}\right)}{P}$ L'expression algébrique $\frac{\left(\frac{I}{V'}\right)}{P}$ ou $\frac{I}{V'P}$ dans laquelle P représente le poids du mètre courant de la section à laquelle on l'applique, donne l'utilisation du fer. Ainsi les nombres qui représentent cette valeur sont proportionnels à la charge que peut supporter chaque kilogramme des modèles auxquels ils se rapportent. Donc plus ces nombres sont élevés, plus les modèles auxquels ils se rapportent sont avantageux. On peut ainsi vérifier que les fers dits Zorès dont le tableau est donné plus loin sont, à hauteur égale, moins avantageux que les fers à I ordinaires.

Tableau de Fers marchands Plats.

Désignations commerciales	Dimensions en millimètres: Largeur	Dimensions en millimètres: Épaisseur	Poids du mètre courant	Surface de la Section transversale en millimètres	$\frac{I}{V'}$	Poids uniformément répartis dont on peut, avec sécurité, charger les barres mises de champ et reposant sur deux appuis placés à leurs extrémités, pour les portées de: 0m 50	1 mètre	2 mètres
			Kilos			Kilos	Kilos	Kilos
Feuillards	14	1	0.107	14	»	»	»	»
	»	1 ½	0.161	21	»	»	»	»
	»	2	0.215	28	»	»	»	»
	»	3	0.323	42	»	»	»	»
	»	3 ½	0.377	49	0.114	12	6	»
Bandelettes	»	4 ½	0.485	63	0.147	16	8	»
	»	6	0.646	84	0.196	20	10	»
	»	7	0.754	98	0.228	25	12	»
	»	9	0.970	126	0.294	32	16	»
Feuillards	16	1	0.123	16	»	»	»	»
	»	1 ½	0.184	24	»	»	»	»
	»	2	0.246	32	»	»	»	»
	»	3	0.369	48	»	»	»	»
	»	3 ½	0.431	56	»	»	»	»
Bandelettes	»	4 ½	0.554	72	0.192	20	10	»
	»	6	0.739	96	0.266	28	14	»
	»	7	0.862	112	0.298	33	16	»
	»	9	1.108	144	0.384	41	20	»
Feuillards	18	1	0.138	18	»	»	»	»
	»	1 ½	0.207	27	»	»	»	»
	»	2	0.277	36	»	»	»	»
	»	3	0.415	54	»	»	»	»
	»	3 ½	0.485	63	»	»	»	»
Bandelettes	»	4 ½	0.623	81	0.243	27	13	»
	»	6	0.831	108	0.324	36	17	»
	»	7	0.970	126	0.378	41	20	»
	»	9	1.247	162	0.486	53	26	»
Feuillards	20	1	0.154	20	»	»	»	»
	»	1 ½	0.231	30	»	»	»	»
	»	2	0.308	40	»	»	»	»
	»	3	0.462	60	»	»	»	»
Aplatis	»	3 ½	0.539	70	»	»	»	»
Bandelettes	»	4 ½	0.693	90	»	»	»	»
	»	6	0.924	120	0.400	44	22	»
	»	7	1.078	140	0.466	51	25	11
Platinés	»	9	1.386	180	0.600	65	32	14
	»	11	1.694	220	0.733	81	40	17
Feuillards	23	1	0.177	23	»	»	»	»
	»	1 ½	0.265	34	»	»	»	»
	»	2	0.354	46	»	»	»	»
	»	3	0.531	69	»	»	»	»
Aplatis	»	3 ½	0.619	80	»	»	»	»
Bandelettes	»	4 ½	0.796	103	»	»	»	»
	»	6	1.062	138	0.529	59	29	13
	»	7	1.239	161	0.617	68	33	15
Platinés	»	9	1.593	207	0.793	88	43	19
	»	11	1.948	253	0.970	108	52	24
	»	14	2.479	322	1.234	137	67	33
Feuillards	25	1	0.192	25	»	»	»	»
	»	1 ½	0.288	37	»	»	»	»
	»	2	0.385	50	»	»	»	»
	»	3	0.577	75	»	»	»	»
Aplatis	»	3 ½	0.673	87	»	»	»	»

Désignations commerciales	Dimensions en millimètres: Largeur	Dimensions en millimètres: Épaisseur	Poids du mètre courant	Surface de la Section transversale en millim.	$\frac{I}{V'}$	Poids uniformément répartis dont on peut, avec sécurité, charger les barres mises de champ et reposant sur deux appuis placés à leurs extrémités, pour les portées de: 0m 50	1 mètre	2 mètres	3 mètres
			Kilos			Kilos	Kilos	Kilos	Kilos
Bandelettes	25	4 ½	0.866	112	»	»	»	»	»
	»	6	1.155	150	0.625	69	34	15	»
	»	7	1.347	175	0.729	81	39	18	»
Platinés	»	9	1.732	225	0.937	104	51	23	»
	»	11	2.117	275	1.146	127	62	28	»
	»	14	2.695	350	1.458	162	79	35	»
	»	16	3.080	400	1.666	185	90	40	»
Feuillards	27	1	0.207	27	»	»	»	»	»
	»	1 ½	0.311	40	»	»	»	»	»
	»	2	0.415	54	»	»	»	»	»
	»	3	0.623	81	»	»	»	»	»
Aplatis	»	3 ½	0.727	94	»	»	»	»	»
Bandelettes	»	4 ½	0.935	121	»	»	»	»	»
	»	6	1.247	162	»	»	»	»	»
	»	7	1.455	189	0.850	94	46	21	»
Platinés	»	9	1.871	243	1.093	122	60	27	»
Maréchals	»	11	2.286	297	1.336	148	72	33	»
	»	14	2.910	378	1.701	189	92	42	»
	»	16	3.326	432	1.944	216	105	48	»
	»	18	3.742	486	2.187	243	119	54	»
Feuillards	29	1	0.223	29	»	»	»	»	»
	»	1 ½	0.335	43	»	»	»	»	»
	»	2	0.446	58	»	»	»	»	»
	»	3	0.669	87	»	»	»	»	»
Aplatis	»	3 ½	0.781	101	»	»	»	»	»
Bandelettes	»	4 ½	1.005	130	»	»	»	»	»
	»	6	1.340	174	»	»	»	»	»
	»	7	1.563	203	0.981	107	53	24	»
Platinés	»	9	2.010	261	1.261	140	68	31	»
Maréchals	»	11	2.456	319	1.542	171	84	38	»
	»	14	3.126	406	1.962	218	106	48	»
	»	16	3.572	464	2.242	249	122	55	»
	»	18	4.019	522	2.523	280	137	62	»
Feuillards	32	1	0.246	32	»	»	»	»	»
	»	1 ½	0.369	48	»	»	»	»	»
	»	2	0.493	64	»	»	»	»	»
	»	3	0.739	96	»	»	»	»	»
Aplatis	»	3 ½	0.862	112	»	»	»	»	»
Bandelettes	»	4 ½	1.109	144	»	»	»	»	»
	»	6	1.478	192	»	»	»	»	»
	»	7	1.724	224	»	»	»	»	»
Platinés	»	9	2.217	288	1.536	»	84	38	22
Maréchals	»	11	2.710	352	1.877	»	103	47	27
	»	14	3.450	448	2.389	»	130	60	34
	»	16	3.942	512	2.730	»	149	72	39
	»	18	4.436	576	3.072	»	168	77	44
	»	20	4.928	640	3.413	»	186	86	49
Feuillards	34	1	0.261	34	»	»	»	»	»
	»	1 ½	0.392	51	»	»	»	»	»
	»	2	0.523	68	»	»	»	»	»
	»	3	0.785	102	»	»	»	»	»
Aplatis	»	3 ½	0.916	119	»	»	»	»	»

Tableau de Fers marchands
Plats.

Désignations commerciales.	Dimensions en millimètres. Largeur × Épaisseur	Poids du mètre courant (Kilos)	Surface de la section transversale en millimètres	$\frac{I}{V'}$	Poids uniformément répartis dont on peut, avec sécurité, charger les barres mises de champ et reposant sur deux appuis placés à leurs extrémités, pour les portées de: 1 mètre (Kilos)	2 mètres (Kilos)	3 mètres (Kilos)	4 mètres (Kilos)
Bandelettes	34 × 4½	1.178	153	"	"	"	"	"
	× 6	1.570	204	"	"	"	"	"
	× 7	1.832	238	"	"	"	"	"
Platinés	× 9	2.356	306	1.734	95	44	25	"
Maréchals	× 11	2.880	374	2.119	116	54	31	"
	× 14	3.665	476	2.697	147	68	39	"
	× 16	4.188	544	3.082	168	78	45	"
	× 18	4.712	612	3.468	190	88	50	"
	× 20	5.236	680	3.853	210	97	56	"
	× 23	6.021	782	4.431	242	112	64	"
Feuillards	36 × 1	0.277	36	"	"	"	"	"
	× 1½	0.415	54	"	"	"	"	"
	× 2	0.554	72	"	"	"	"	"
	× 3	0.831	108	"	"	"	"	"
Aplatis	× 3½	0.970	126	"	"	"	"	"
Bandelettes	× 4½	1.247	162	"	"	"	"	"
	× 6	1.663	216	"	"	"	"	"
	× 7	1.940	252	"	"	"	"	"
Platinés	× 9	2.495	324	1.944	106	49	29	"
Maréchals	× 11	3.049	396	2.376	130	60	35	"
	× 14	3.880	504	3.024	165	77	45	"
	× 16	4.435	576	3.456	189	88	51	"
	× 18	4.990	648	3.888	212	99	57	"
	× 20	5.544	720	4.320	236	110	64	"
	× 23	6.375	828	4.968	272	126	73	"
	× 25	6.930	900	5.400	296	138	80	"
Feuillards	40 × 1	0.308	40	"	"	"	"	"
	× 1½	0.462	60	"	"	"	"	"
	× 2	0.616	80	"	"	"	"	"
	× 3	0.924	120	"	"	"	"	"
Aplatis	× 3½	1.078	140	"	"	"	"	"
	× 4½	1.380	180	"	"	"	"	"
Platinés	× 6	1.848	240	"	"	"	"	"
	× 7	2.156	280	"	"	"	"	"
Plats	× 9	2.772	360	"	"	"	"	"
	× 11	3.388	440	2.933	161	76	45	"
	× 14	4.312	560	3.733	205	96	57	"
	× 16	4.928	640	4.266	234	110	64	"
	× 18	5.544	720	4.800	263	123	72	"
	× 20	6.160	800	5.333	292	137	81	"
	× 23	7.084	920	6.133	336	157	93	"
	× 25	7.700	1000	6.666	366	171	100	"
	× 27	8.316	1080	7.200	395	185	108	"
Feuillards	45 × 2	0.693	90	"	"	"	"	"
	× 3	1.040	135	"	"	"	"	"
Aplatis	× 3½	1.212	157	"	"	"	"	"
	× 4½	1.559	202	"	"	"	"	"
Platinés	× 6	2.079	270	"	"	"	"	"
	× 7	2.425	315	"	"	"	"	"
Plats	45 × 9	3.118	405	"	"	"	"	"
	× 11	3.811	495	3.712	204	96	58	"
	× 14	4.851	630	4.725	260	123	74	47
	× 16	5.544	720	5.400	297	140	84	53
	× 18	6.237	810	6.075	334	158	95	60
	× 20	6.930	900	6.750	371	175	105	66
	× 23	7.969	1035	7.762	426	201	121	76
	× 25	8.662	1125	8.437	464	219	131	83
	× 27	9.355	1215	9.112	500	236	142	90
Feuillards	47 × 2	0.723	94	"	"	"	"	"
	× 3	1.085	141	"	"	"	"	"
Aplatis	× 3½	1.266	164	"	"	"	"	"
	× 4½	1.628	211	"	"	"	"	"
Platinés	× 6	2.171	282	"	"	"	"	"
	× 7	2.533	329	"	"	"	"	"
Plats	× 9	3.257	423	"	"	"	"	"
	× 11	3.980	517	"	"	"	"	"
	× 14	5.066	658	5.154	283	134	81	52
	× 16	5.790	752	5.890	324	153	92	59
	× 18	6.514	846	6.627	365	172	104	66
	× 20	7.238	940	7.363	405	192	116	74
	× 23	8.323	1081	8.468	466	220	133	85
	× 25	9.047	1175	9.204	506	239	145	92
	× 27	9.771	1269	9.940	546	258	155	100
Feuillards	50 × 2	0.770	100	"	"	"	"	"
	× 3	1.155	150	"	"	"	"	"
Aplatis	× 3½	1.347	175	"	"	"	"	"
	× 4½	1.732	225	"	"	"	"	"
Platinés	× 6	2.310	300	"	"	"	"	"
	× 7	2.695	350	"	"	"	"	"
Plats	× 9	3.465	450	"	"	"	"	"
	× 11	4.235	550	"	"	"	"	"
	× 14	5.390	700	5.833	321	152	93	60
	× 16	6.160	800	6.666	367	174	106	69
	× 18	6.930	900	7.500	413	196	119	77
	× 20	7.700	1000	8.333	459	218	132	86
	× 23	8.865	1150	9.583	528	251	151	99
	× 25	9.625	1250	10.416	573	273	164	108
	× 27	10.395	1350	11.250	620	295	179	117
Feuillards	54 × 2	0.831	108	"	"	"	"	"
	× 3	1.247	162	"	"	"	"	"
Aplatis	× 3½	1.455	189	"	"	"	"	"
	× 4½	1.871	243	"	"	"	"	"
Platinés	× 6	2.495	324	"	"	"	"	"
	× 7	2.910	378	"	"	"	"	"
Plats	× 9	3.742	486	"	"	"	"	"
	× 11	4.573	594	"	"	"	"	"
	× 14	5.821	756	6.804	375	179	110	72
	× 16	6.652	864	7.776	428	204	125	82

Tableau de Fers marchands
Plats.

Désignations Commerciales.	Dimensions en millimètres. Largeur	Épaisseur	Poids du mètre courant	Surface de la Section transversale en millimètres	$\frac{I}{V'}$	Poids uniformément répartis dont on peut, avec sécurité, charger les barres mises de champ et reposant sur deux appuis placés à leurs extrémités, pour les portées de: 1 mètre	2m.00	3m.00	4m.00	5m.00
			Kilos			Kilos	Kilos	Kilos	Kilos	Kilos
Plats	54	× 18	7.484	972	8.748	482	229	140	92	″
	″	× 20	8.316	1080	9.720	536	254	155	102	″
	″	× 23	9.563	1242	11.178	616	291	177	117	″
	″	× 25	10.395	1350	12.150	670	320	195	129	″
	″	× 27	11.226	1458	13.122	723	345	210	138	″
	″	× 29	12.058	1566	14.094	777	370	227	149	″
Aplatis	61	× 3 ½	1.644	2135	″	″	″	″	″	″
	″	× 4½	2.113	2745	″	″	″	″	″	″
Platinés	″	× 6	2.838	366	″	″	″	″	″	″
	″	× 7	3.287	427	″	″	″	″	″	″
Plats	″	× 9	4.227	549	″	″	″	″	″	″
	″	× 11	5.166	671	″	″	″	″	″	″
	″	× 14	6.575	854	″	″	″	″	″	″
	″	× 16	7.515	976	9.922	547	262	162	108	″
	″	× 18	8.454	1098	11.163	616	295	183	122	″
	″	× 20	9.394	1220	12.403	684	328	204	136	″
	″	× 23	10.803	1403	14.264	788	377	235	157	″
	″	× 25	11.742	1525	15.504	856	410	256	171	″
	″	× 27	12.681	1647	16.744	924	443	274	185	″
	″	× 29	13.621	1769	17.985	995	477	295	198	″
	″	× 32	15.030	1962	19.845	1.105	530	328	220	″
Aplatis	68	× 4 ½	2.356	306	″	″	″	″	″	″
Platinés	″	× 7	3.665	476	″	″	″	″	″	″
Plats	″	× 9	4.712	612	″	″	″	″	″	″
	″	× 11	5.759	748	″	″	″	″	″	″
	″	× 14	7.330	952	″	″	″	″	″	″
	″	× 16	8.377	1088	″	″	″	″	″	″
	″	× 18	9.424	1224	13.872	766	369	230	156	108
	″	× 20	10.472	1360	15.413	853	410	256	173	120
	″	× 23	12.042	1564	17.725	979	471	294	200	138
	″	× 25	13.090	1700	19.266	1065	513	320	217	150
	″	× 27	14.137	1836	20.808	1150	554	346	235	162
	″	× 29	15.184	1972	22.350	1236	595	372	252	174
	″	× 32	16.755	2176	24.661	1366	658	410	279	193
	″	× 34	17.802	2312	26.202	1450	698	436	295	204
Platinés	81	× 7	4.365	567	″	″	″	″	″	″
Plats	″	× 9	5.613	729	″	″	″	″	″	″
	″	× 11	6.860	891	″	″	″	″	″	″
	″	× 14	8.731	1134	″	″	″	″	″	″
	″	× 16	9.979	1296	″	″	″	″	″	″
	″	× 18	11.226	1458	″	″	″	″	″	″
	″	× 20	12.474	1620	21.870	1212	587	371	256	182
	″	× 23	14.345	1863	25.150	1394	676	426	295	210
	″	× 25	15.592	2025	27.337	1515	734	464	320	228
	″	× 27	16.839	2187	29.524	1637	793	500	346	246
	″	× 29	18.087	2349	31.711	1757	851	537	371	265
	″	× 32	19.958	2592	35.000	1940	940	593	410	292
	″	× 34	21.205	2754	37.179	2061	998	630	436	310
	″	× 36	22.453	2916	39.366	2182	1057	667	461	329
	″	× 40	24.948	3240	43.740	2424	1174	741	512	365

Désignations Commerciales.	Dimensions en millimètres. Largeur	Épaisseur	Poids du mètre courant	Surface de la Section transversale en millimètres	$\frac{I}{V'}$	Poids uniformément répartis dont on peut, avec sécurité, charger les barres mises de champ et reposant sur deux appuis placés à leurs extrémités, pour les portées de: 1 mètre	2m.00	3m.00	4m.00	5m.00	6m.00
			Kilos			Kilos	Kilos	Kilos	Kilos	Kilos	Kilos
Platinés	108	× 7	5.821	756	″	″	″	″	″	″	″
Plats	″	× 9	7.484	972	″	″	″	″	″	″	″
	″	× 11	9.147	1188	″	″	″	″	″	″	″
	″	× 14	11.642	1512	″	″	″	″	″	″	″
	″	× 16	13.305	1728	″	″	″	″	″	″	″
	″	× 18	14.968	1944	″	″	″	″	″	″	″
	″	× 20	16.632	2160	″	″	″	″	″	″	″
	″	× 23	19.126	2484	″	″	″	″	″	″	″
	″	× 25	20.790	2700	48.600	2700	1320	845	597	440	327
	″	× 27	22.453	2916	52.488	2917	1424	912	645	475	35[illegible]
	″	× 29	24.116	3132	56.376	3133	1530	980	693	511	38[illegible]
	″	× 32	26.611	3456	62.208	3457	1688	1081	764	563	42[illegible]
	″	× 34	28.274	3672	66.096	3674	1792	1148	811	598	44[illegible]
	″	× 36	29.937	3888	70.000	3890	1900	1216	860	634	47[illegible]
	″	× 38	31.600	4104	73.872	4106	2005	1284	908	669	50[illegible]
Gros Plats	″	× 40	33.264	4320	77.760	4321	2111	1351	956	704	52[illegible]
	″	× 45	37.422	4860	87.480	4861	2374	1522	1076	794	59[illegible]
	″	× 50	41.580	5400	97.200	5402	2638	1690	1194	881	65[illegible]
	140	× 11	11.858	1540	″	″	″	″	″	″	″
	″	× 14	15.092	1960	″	″	″	″	″	″	″
	″	× 16	17.148	2240	″	″	″	″	″	″	″
	″	× 18	19.404	2520	″	″	″	″	″	″	″
	″	× 20	21.560	2800	″	″	″	″	″	″	″
	″	× 23	24.794	3220	″	″	″	″	″	″	″
	″	× 25	26.950	3500	″	″	″	″	″	″	″
	″	× 27	29.106	3780	″	″	″	″	″	″	″
	″	× 29	31.262	4060	″	″	″	″	″	″	″
	″	× 32	34.496	4480	″	″	″	″	″	″	″
	″	× 34	36.652	4760	111.066	6180	3036	1962	1408	1060	81[illegible]
	″	× 36	38.808	5040	117.600	6547	3215	2079	1491	1123	86[illegible]
	″	× 40	43.120	5600	130.666	7274	3572	2310	1657	1248	96[illegible]
	″	× 45	48.510	6300	147.000	8183	4019	2598	1864	1403	108[illegible]
	″	× 50	53.900	7000	163.333	9092	4465	2886	2070	1559	120[illegible]
	160	× 15	18.480	2400	″	″	″	″	″	″	″
	″	× 20	24.640	3200	″	″	″	″	″	″	″
	″	× 25	30.800	4000	″	″	″	″	″	″	″
	″	× 30	36.960	4800	″	″	″	″	″	″	″
	″	× 35	43.120	5600	″	″	″	″	″	″	″
	″	× 40	49.280	6400	170.666	9508	4680	3038	2193	1665	129[illegible]
	″	× 45	55.440	7200	192.000	10697	5265	3418	2466	1873	146[illegible]
	″	× 50	61.600	8000	213.333	11885	5849	3797	2739	2079	16[illegible]
	180	× 15	20.790	2700	″	″	″	″	″	″	″
	″	× 20	27.720	3600	″	″	″	″	″	″	″
	″	× 25	34.650	4500	″	″	″	″	″	″	″
	″	× 30	41.580	5400	″	″	″	″	″	″	″
	″	× 35	48.510	6300	″	″	″	″	″	″	″
	″	× 40	55.440	7200	216.000	12.041	5937	3866	2802	2142	16[illegible]
	″	× 45	62.370	8100	243.000	13.546	6679	4349	3153	2409	18[illegible]
	″	× 50	69.300	9000	270.000	15.050	7421	4832	3503	2677	21[illegible]

Tableau de Fers marchands

Ronds.

Diamètres en millimètres.	Poids du mètre courant.	Surface de la Section transversale en millimètres.	$\frac{I}{V'}$	Diamètres en millimètres.	Poids du mètre courant.	Surface de la Section transversale en millimètres.	$\frac{I}{V'}$	Diamètres en millimètres.	Poids du mètre courant.	Surface de la Section transversale en millimètres.	$\frac{I}{V'}$
	Kilos				Kilos				Kilos.		
5	0.151	30	0.012	38	8.732	1134	5.386	92	51.186	6648	76.487
6	0.217	28	0.021	41	10.165	1320	6.765	95	54.578	7088	84.172
7	0.296	38	0.033	43	11.181	1452	7.804	100	60.475	7854	98.174
8	0.387	50	0.050	45	12.246	1590	8.943	102	62.919	8171	104.184
9	0.489	64	0.071	47	13.359	1735	10.192	107	69.238	8992	120.268
10	0.604	79	0.098	50	15.118	1963	12.272	110	73.175	9503	130.695
11	0.731	95	0.130	52	16.352	2124	13.804	113	77.221	10 029	141.656
12	0.870	113	0.169	54	17.634	2290	15.456	115	79.979	10 387	149.311
13	1.022	133	0.215	57	19.648	2552	18.181	120	87.084	11 310	169.646
14	1.185	154	0.269	59	21.151	2734	20.163	125	94.486	12 271	191.734
15	1.360	177	0.331	61	22.502	2922	22.258	130	102.202	13 273	215.675
16	1.548	201	0.402	63	24.002	3117	24.548	135	110.210	14 313	241.531
18	1.959	254	0.572	65	25.550	3318	26.961	140	118.526	15 393	269.377
20	2.418	314	0.785	67	27.147	3526	29.626	145	127.150	16 513	299.298
21	2.666	346	0.908	70	29.633	3848	33.673	150	136.066	17 671	331.331
23	3.199	415	1.194	72	31.350	4071	36.643	155	145.291	18 869	365.586
25	3.780	491	1.533	75	34.017	4418	41.417	160	154.816	20106	402.120
27	4.408	573	1.930	78	36.793	4778	46.589	165	164.641	21382	441.003
29	5.086	661	2.394	81	39.678	5153	52.174	170	174.774	22698	482.332
32	6.192	804	3.216	83	41.661	5411	56.134	175	185.200	24052	526.137
34	6.996	908	3.858	88	46.832	6082	66.903	180	195.934	25446	572.535
36	7.837	1018	4.577	90	49.062	6362	71.569	200	241.903	31416	785.400

Carrés.

Côtés en millimètres.	Poids du mètre courant.	Surface de la Section transversale en millimètres.	$\frac{I}{V'}$	Côtés en millimètres.	Poids du mètre courant.	Surface de la Section transversale en millimètres.	$\frac{I}{V'}$	Côtés en millimètres.	Poids du mètre courant.	Surface de la Section transversale en millimètres.	$\frac{I}{V'}$
									Kilos		
6	0.277	36	0.036	23	4.073	529	2.028	50	19.250	2500	20.833
7	0.377	49	0.057	25	4.812	625	2.604	54	22.453	2916	26.244
8	0.492	64	0.085	27	5.613	729	3.280	61	28.651	3721	37.830
9	0.623	81	0.121	29	6.475	841	4.065	68	35.604	4624	52.405
10	0.770	100	0.166	32	7.884	1024	5.461	75	43.312	5625	70.312
11	0.931	121	0.222	34	8.901	1156	6.550	81	50.519	6561	88.573
12	1.108	144	0.288	36	9.979	1296	7.776	88	59.628	7744	113.578
14	1.509	196	0.457	38	11.118	1444	9.145	95	69.492	9025	142.896
16	1.971	256	0.682	40	12.320	1600	10.666	102	80.110	10404	176.868
18	2.494	324	0.972	44	14.907	1936	14.197	108	89.812	11664	209.952
20	3.080	400	1.333	47	17.009	2209	17.304				

Tableau des valeurs $\frac{I}{V'}$ et $\frac{\left(\frac{I}{V'}\right)}{P}$ des Fers Zorès.

Numéros des Modèles.	Hauteurs en millimètres.	Poids du mètre courant Kos.	$\frac{I}{V'}$	$\frac{\left(\frac{I}{V'}\right)}{P}$
1	60	4	6	1.50
2	80	6	13	2.16
3	90	8	19	2.37
4	100	10	27	2.70
5	110	12	35.50	2.95
6	120	14	42	3. ..
7	130	16	57	3.56
8	140	18	69	3.83
9	150	20	83	4.15
10	160	22.50	98	4.35
11	180	29	141	4.86
12	200	37.50	197	5.25

Tableau de la Planche I.

Numéros des Modèles.	$\frac{I}{V'}$	$\left(\frac{I}{V'}\right)/P$	Poids uniformément répartis à faire supporter pour les portées de						
			0m.50	1m."	2m."	3m."	4m."	5m."	6m."
1	23	3, 28	2 572 Kilos	1 280 Kilos	630 Kilos	409 Kilos	294 Kilos	"	"
2	29	2, 41	3 242	1 612	788	506	358	"	"
3	33	3, 66	3 691	1 839	906	590	426	318 Kilos	"
4	39	3, 25	4 362	2 172	1 068	693	498	369	"
5	46	4, 18	5 146	2 565	1 266	827	600	451	"
6	56	3, 73	6 264	3 121	1 538	1 002	724	541	"
7	67	4, 78	7 497	3 738	1 848	1 210	882	680	542 Kilos
8	84	4, 20	9 398	4 684	2 312	1 510	1 096	840	665

Pl. I.

ÉMILE CARTIER, AVENUE DE SEINE A ROUEN.

Fers à double T à côtés égaux.

Nota: On peut faire toutes les épaisseurs, et par conséquent tous les Poids intermédiaires entre le minimum et le maximum des Fers à double T.

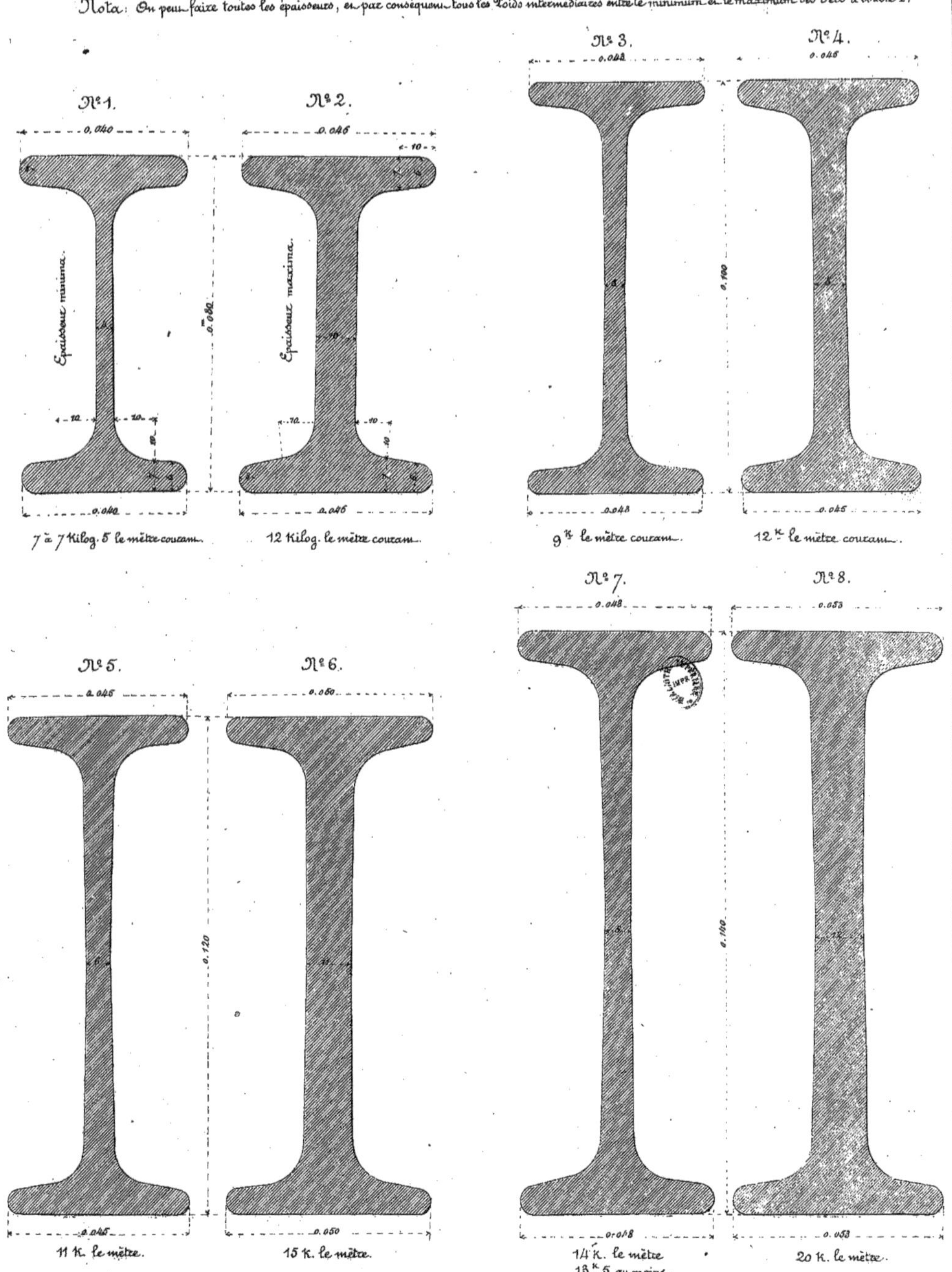

Lith. Broise et Thieffry R. de Dunkerque 69. Paris

Tableau de la Planche II.

Numéros des Modèles.	$\frac{I}{V'}$	$\frac{\left(\frac{I}{V'}\right)}{P}$	Poids uniformément répartis à faire supporter pour les portées de :							
			1.m	2.m	3.m	4.m	5.m	6.m	7.m	8.m
9	80	5,33	4465 Kilos	2 210 Kilos	1 451 Kilos	1 060 Kilos	821 Kilos	658 Kilos	535 Kilos	440 Kilos
10	113	4,52	6 303	3114	2 038	1 482	1 140	906	729	591
11	118	5,90	6 588	3264	2146	1 572	1 221	983	804	666
12	160	5,33	8 930	4420	2902	2120	1 642	1 316	1 070	880
13	160	6,66	8936	4432	2920	2144	1 672	1 352	1112	928
14	214	5,78	11,947	5918	3 890	2848	2 211	1 778	1 453	1 202

Pl. II

ÉMILE CARTIER, AVENUE DE SEINE A ROUEN.

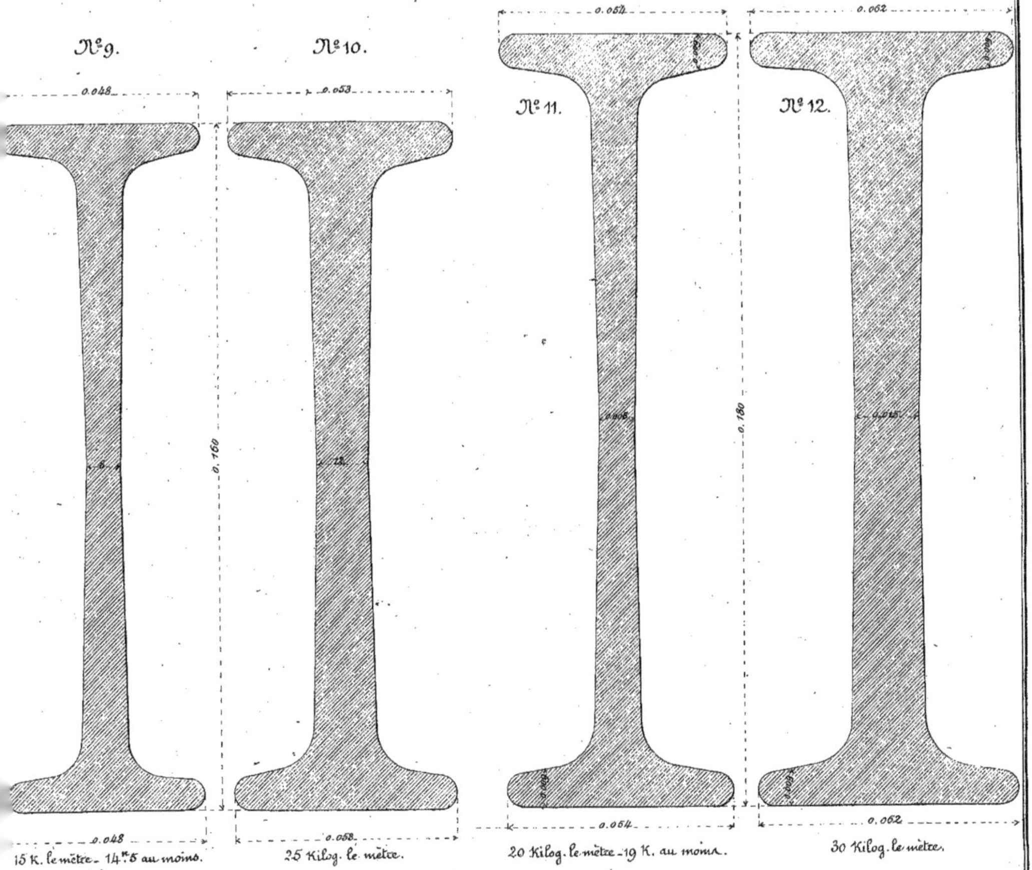

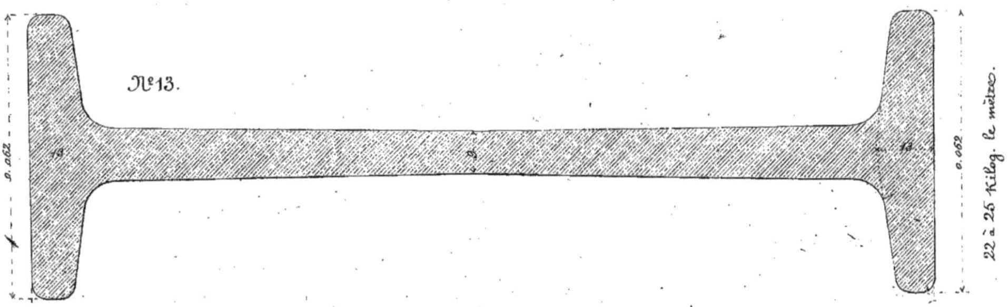

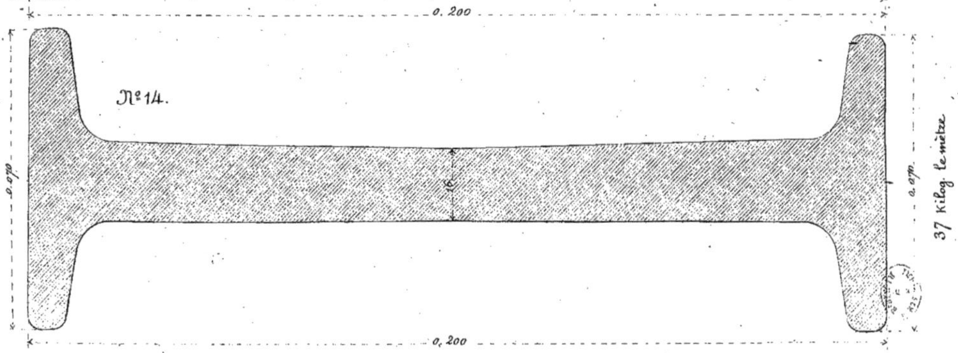

Lith. Broise et Thiefry, Rue de Dunkerque. 69.

Tableau de la Planche III.

Numéros des Modèles.	$\frac{I}{V'}$	$\left(\frac{I}{V'}\right)$ / P	Poids uniformément répartis à faire supporter pour les portées de								
			1m,,	2m,,	3m,,	4m,,	5m,,	6m,,	7m,,	8m,,	9m,,
15	190	7,31	10 614 Kilos	5 268 Kilos	3 475 Kilos	2 556 Kilos	1 998 Kilos	1 620 Kilos	1 338 Kilos	1 122 Kilos	944 Kilos
16	254	6,35	14 184	7 032	4 629	3 396	2 644	2 134	1 752	1 458	1 214
Rail	180	5,,	10 044	4 968	3 258	2 376	1 836	1 467	1 188	972	792

ÉMILE CARTIER, AVENUE DE SEINE A ROUEN.

Fers à double T à côtés égaux.

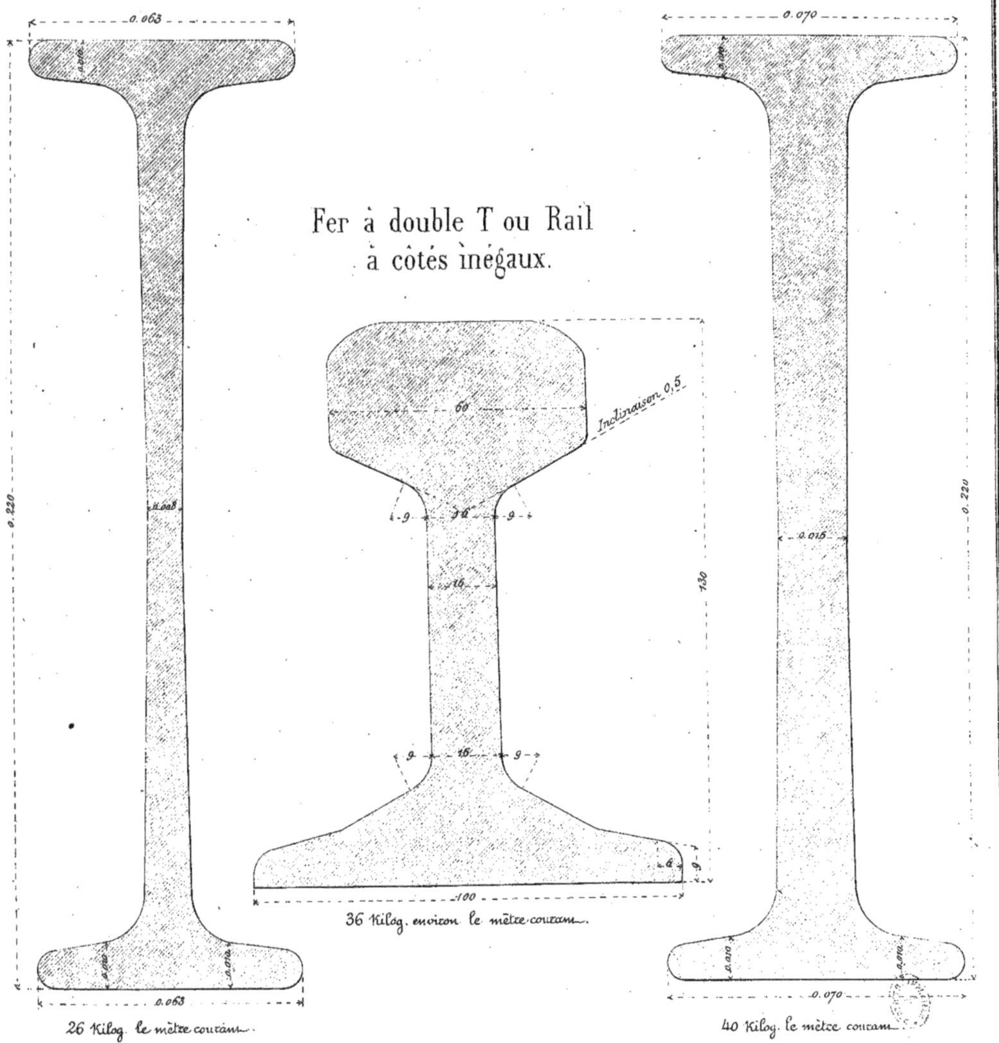

26 Kilog. le mètre courant.

36 Kilog. environ le mètre courant.

40 Kilog. le mètre courant.

Lith. Brosse et Thierry, Rue de Dunkerque 19.

Tableau de la Planche IV.

Numéros des Modèles	$\frac{I}{V'}$	$\frac{\left(\frac{I}{V'}\right)}{P}$	Poids uniformément répartis à faire supporter pour les portées de :							
			1m..	2m..	3m..	4m..	5m..	6m..	7m..	8m..
17	52	3,71	2 900 Kilos	1 428 Kilos	930 Kilos	672 Kilos	512 Kilos	402 Kilos	318 Kilos	252 Kilos
18	59	3,27	3 286	1 616	1 049	754	570	443	346	269
19	75	4,29	4 183	2 065	1 343	980	755	596	478	385
20	90	3,91	5 017	2 474	1 614	1 168	885	703	559	446

Pl. IV

ÉMILE CARTIER, AVENUE DE SEINE A ROUEN.

Fers à double T à côtés inégaux.

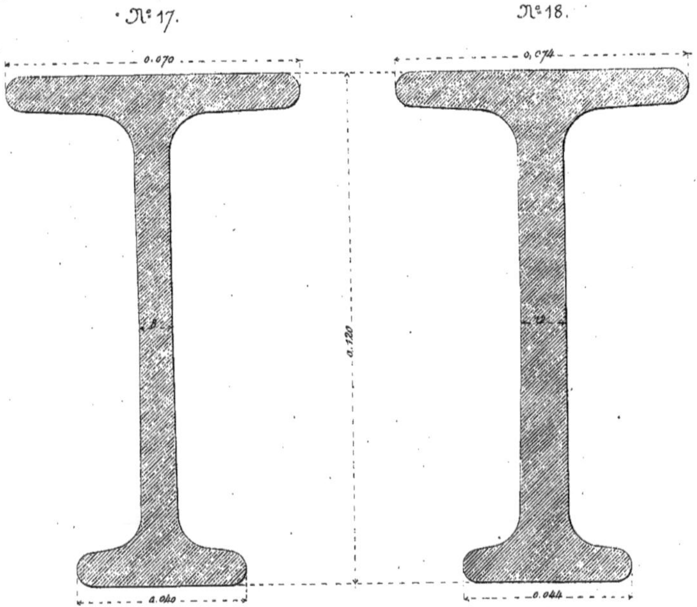

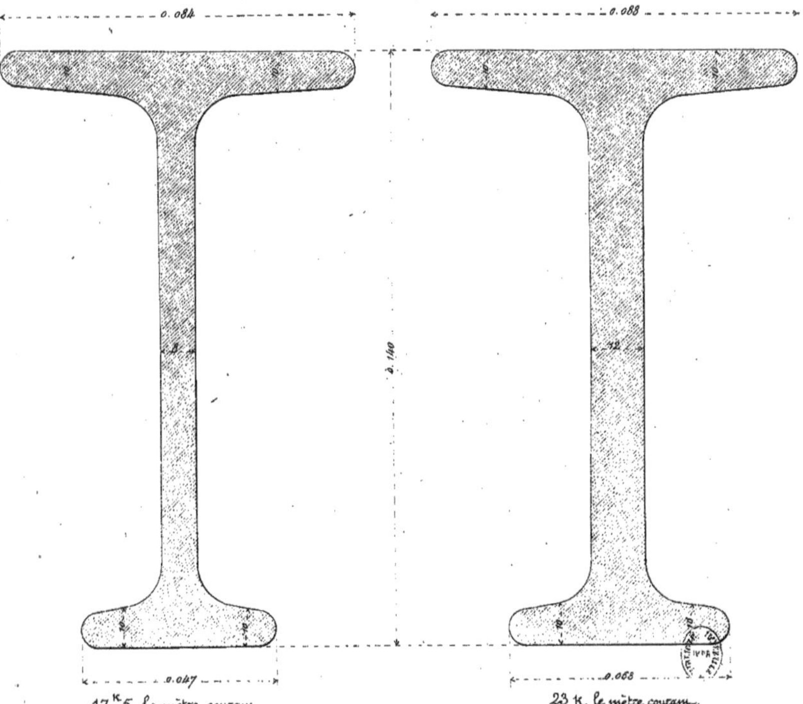

Lith. Broise et Thieffry R. de Dunkerque. 69

Tableau de la Planche V.

Numéros des Modèles.	$\frac{I}{V'}$	$\frac{\left(\frac{I}{V'}\right)}{P}$	Poids uniformément répartis à faire supporter pour les portées de :							
			1m"	2m"	3m"	4m"	5m"	6m"	7m"	8m"
21	153	6,37	8 544 Kilos	4 236 Kilos	2 789 Kilos	2.046 Kilos	1593 Kilos	1 286 Kilos	1 056 Kilos	879 Kilos
22	178	7,12	9 943	4 934	3 253	2.392	1868	1 514	1 249	1 046
23	484	9,68	27 054	13 452	8 900	6.576	5170	4225	3 522	2 988
24	2 800	19,31	156 655	78 110	51.831	38.620	30635	25 310	"	"
25	277	8.39	15.479	7.690	5.071	3.746	2.937	2.387	1985	1675

ÉMILE CARTIER, AVENUE DE SEINE A ROUEN.

Fers à double T à larges Ailes.

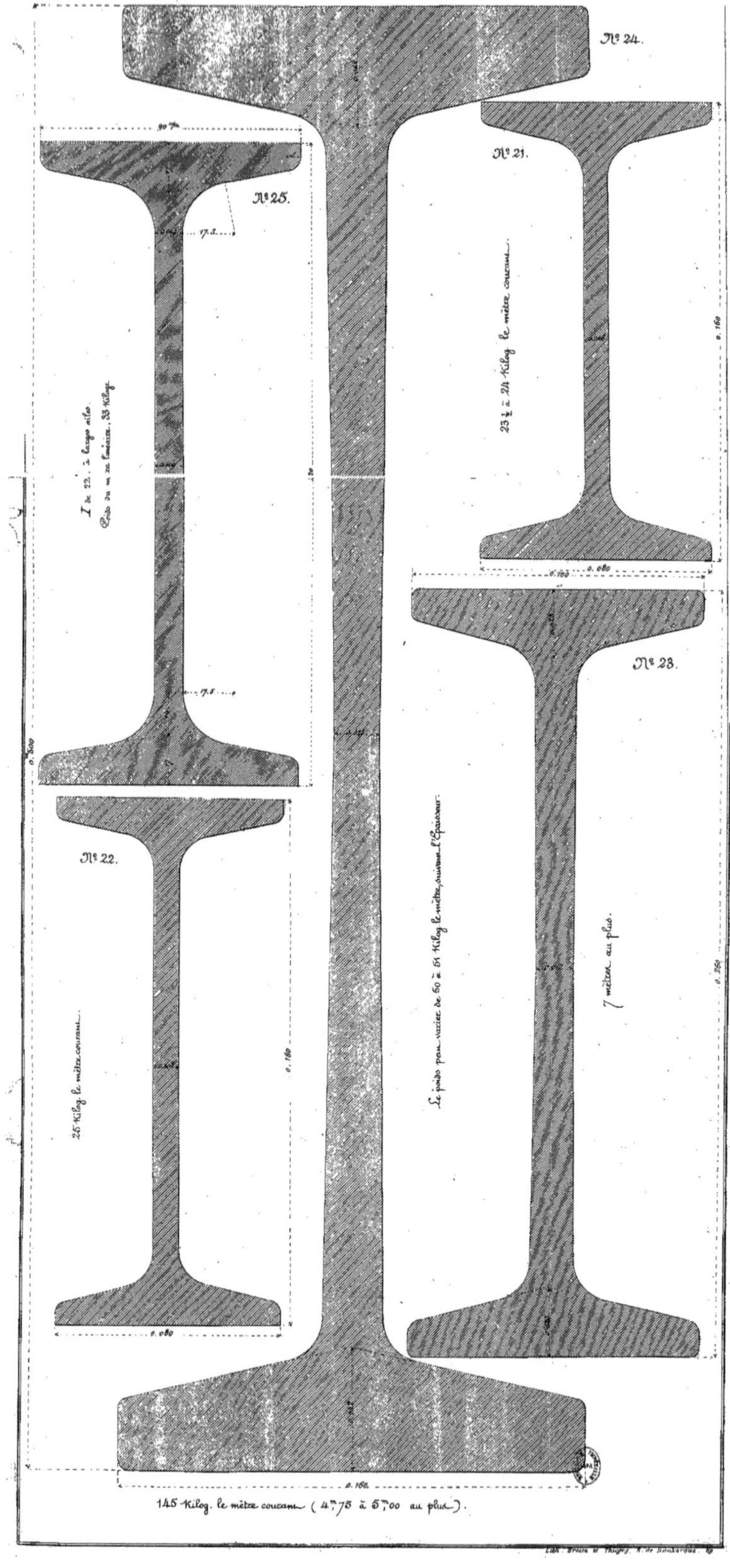

Tableau de la Planche VI.

Numéros des Modèles	$\frac{I}{V'}$	$\frac{\left(\frac{I}{V'}\right)}{P}$	Poids uniformément répartis à faire supporter pour les portées de:							
			0.m25	0.m50	1.m	2.m	3.m	4.m	5.m	6.m
1	0,16	0,27	36 Kilos	18 Kilos	9 Kilos	"	"	"	"	"
2	0,29	0,34	64	32	16	7 Kilos	"	"	"	"
3	0,58	0,48	128	64	31	14	"	"	"	"
4	1,01	0 63	225	112	55	25	14 Kilos	"	"	"
5	1,44	0,68	322	160	79	36	21	12 Kilos	"	"
6	2,66	0,79	595	296	146	68	40	24	13 Kilos	"
7	0,28	0,25	63	31	15	"	"	"	"	"
8	0,30	0,25	67	33	16	6	"	"	"	"
9	0,35	0,25	78	39	18	7	"	"	"	"
10	0,78	0,46	175	87	42	18	10	"	"	"
11	1,30	0,58	291	145	71	32	18	9	"	"
12	2,21	0,80	495	246	121	57	33	20	"	"
13	4,22	0,84	944	470	231	108	64	39	22	"
14	0,22	0,27	49	24	12	"	"	"	"	"
15	0,29	0,30	65	32	15	8	"	"	"	"
16	0,67	0,44	150	74	36	16	"	"	"	"
17	1,46	0,64	327	163	80	37	21	"	"	"
18	7,"	1,06	1 566	781	386	183	111	72	"	"
19	9,80	1,05	2 193	1 093	539	256	155	130	62	"
20	9,22	0,76	2 060	1 026	504	238	136	80	41	"
21	19,50	1,50	4 365	2178	1079	520	325	220	150	104 Kilos
22	21,10	1,40	4 722	2356	1166	560	350	235	157	107

Nota. – Les calculs de ce tableau ne se rapportent qu'aux positions des Modèles: T ⊥.

Pl. VI.

ÉMILE CARTIER, AVENUE DE SEINE A ROUEN.

Fers à T.

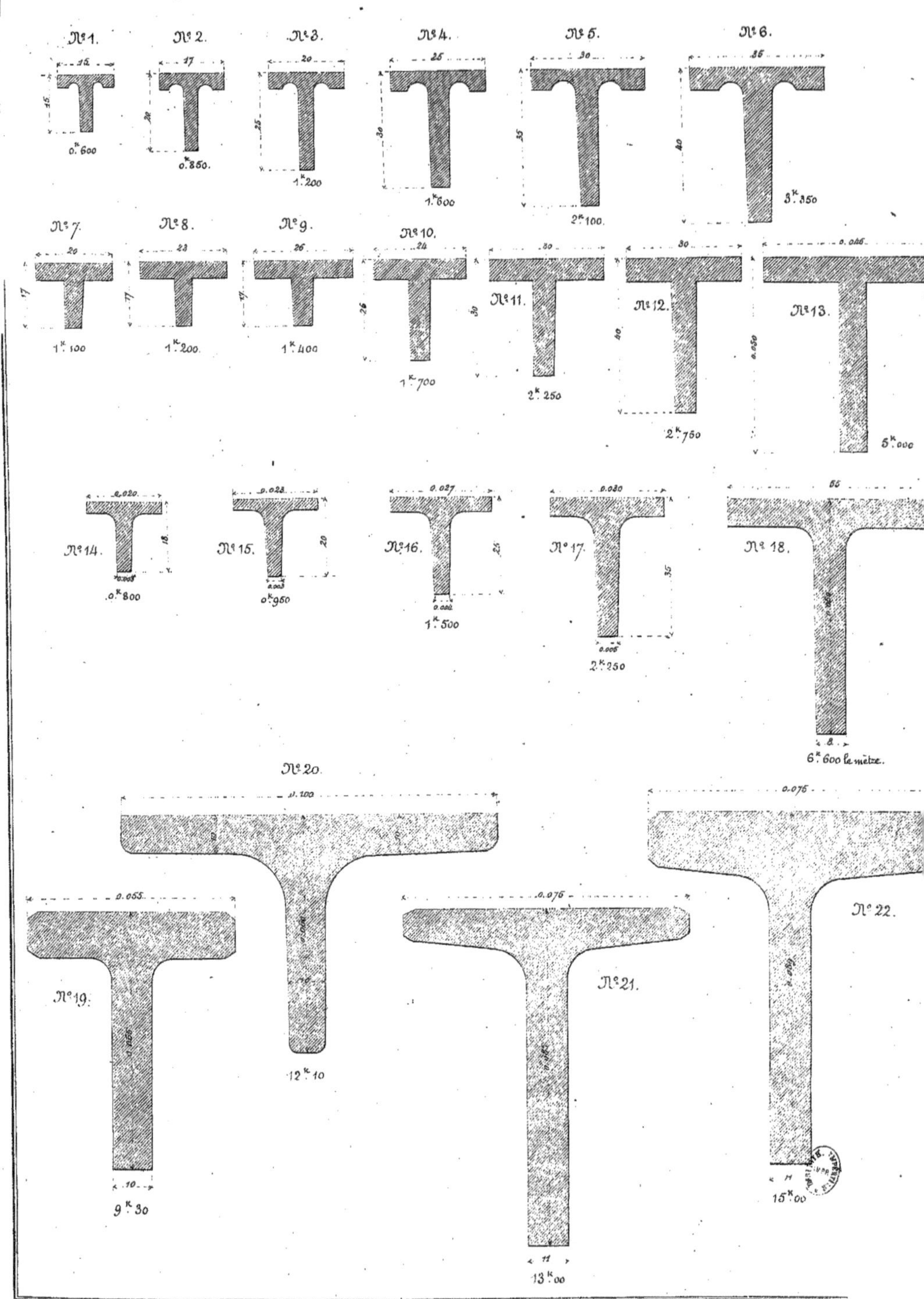

Lith. Broise et Thieffry. R. de Dunkerque

Tableau de la Planche VII.

Numéros des Modèles.	$\frac{I}{V'}$	$\frac{\left(\frac{I}{V'}\right)}{P}$	Poids uniformément répartis à faire supporter pour les portées de:					
			1 mètre	2 m.	3 m.	4 m.	5 m.	6 m.
23	23	1.08	1267 Kilos	602 Kilos	367 Kilos	238 Kilos	148 Kilos	88 Kilos
24	20	1.05	1100	522	317	204	125	73
25	116	3.13	6459	3174	2058	1476	1091	862
26	26	1.06	1432	679	412	265	165	97
27	31.5	1.36	1740	836	520	349	231	156

Nota: Les calculs de ce tableau ne se rapportent qu'aux positions suivantes des modèles: T ⊥ .

ÉMILE CARTIER, AVENUE DE SEINE A ROUEN. Pl. VII

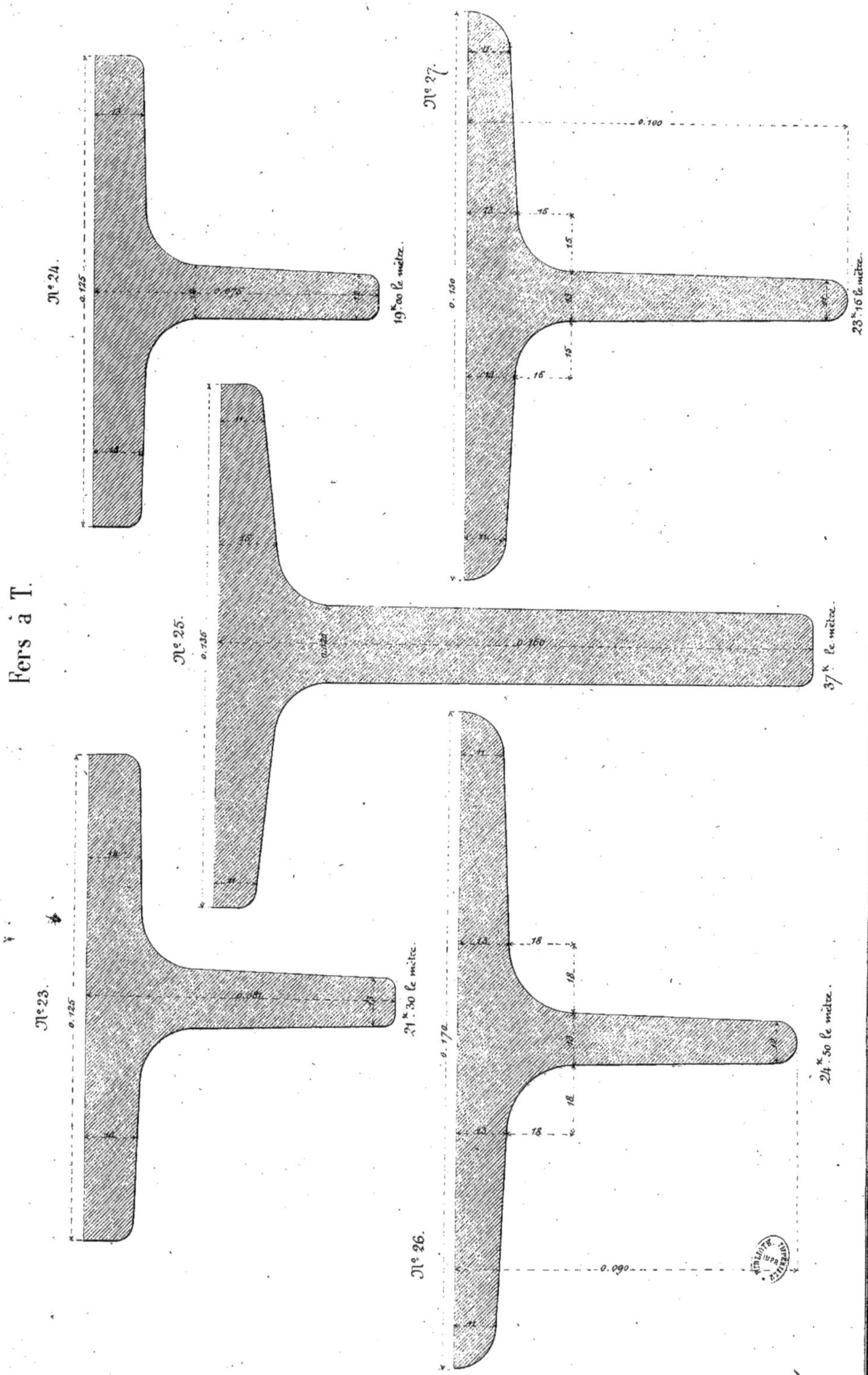

Fers à T.

Nº 24. 0.125 0.075 19K.00 le mètre.

Nº 27. 0.150 0.100 23K.16 le mètre.

Nº 25. 0.135 0.160 37K. le mètre.

Nº 23. 0.125 0.081 21K.30 le mètre.

Nº 26. 0.172 0.090 24K.50 le mètre.

Lith. Broise et Thiefry Rue de Dunkerque 69 _ Paris.

Tableau de la Planche VIII.

Numéros des Modèles	$\frac{I}{v}$	$\frac{\left(\frac{I}{2}\right)}{P}$	Poids uniformément répartis à faire supporter pour les portées de :						
			0m 50	1m »	2m »	3m »	4m »	5m »	6m »
1	0, 30	0, 30	33 Kilos	16 Kilos	»	»	»	»	»
2	0, 65	0, 43	72	35	15 Kilos	»	»	»	»
3	1, 10	0, 55	122	59	27	»	»	»	»
4	1, 50	0, 60	163	82	37	»	»	»	»
5	2, 20	0, 65	245	120	55	»	»	»	»
6	2, 80	0, 70	310	152	66	»	»	»	»
7	3, 80	0, 83	422	208	97	58 Kilos	»	»	»
8	6, 30	0, 86	702	345	161	96	»	»	»
9	5, 30	0, 91	590	291	137	82	»	»	»
10	7, »	1, 05	780	386	183	110	72 Kilos	»	»
11	8, 20	1, 51	915	452	213	131	84	»	»
12	7, »	1, 12	780	386	183	110	72	»	»
13	10, 80	1, 20	1204	595	290	174	115	73 Kilos	»
14	13, 70	1, 33	1529	756	360	223	147	95	»
15	15, »	1, 32	1674	828	397	246	165	108	»
16	18, 50	1, 43	2065	1023	492	306	207	138	94 Kilos
17	21, »	1, 50	2345	1162	560	350	238	160	112
18	33, »	1, 73	3686	1829	906	560	386	268	194

Nota. Pour ces Calculs, l'un des côtés des cornières est supposé horizontal.

Pl. VIII.

ÉMILE CARTIER, AVENUE DE SEINE A ROUEN.

Cornières ou Fers d'Angle à côtés égaux.

Nota: Les épaisseurs et par conséquent les Poids des Cornières ci-dessous peuvent être augmentés à la volonté du demandeur.

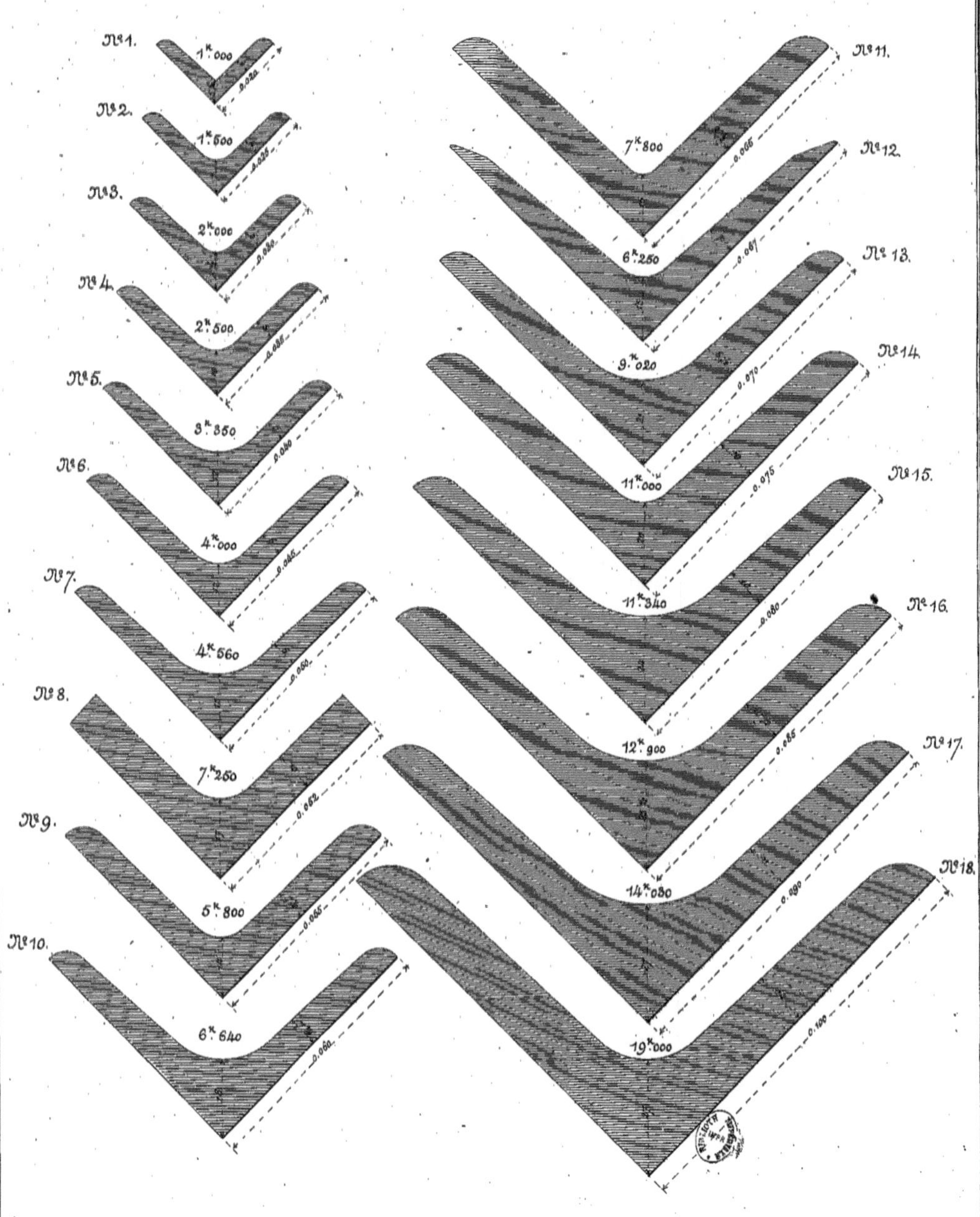

Lith. Broise et Thieffry, R. de Dunkerque Nº 69.

Tableau de la Planche IX.

Numéros des Modèles.	$\frac{I}{v'}$	$\frac{\left(\frac{I}{v'}\right)}{P}$
20	7, »	0, 87
21	9, »	1, »
22	13, »	1, 18
23	19, »	1, 46
24	25, »	1, 66
25	13, 90	1, 14
26	16, »	1, 16
27	20, 50	1, 30
28	21, »	1, 30
29	34, »	1, 63
30	34, »	1, 41

ÉMILE CARTIER, AVENUE DE SEINE A ROUEN.

Pl. IX

Cornières à côtés égaux.

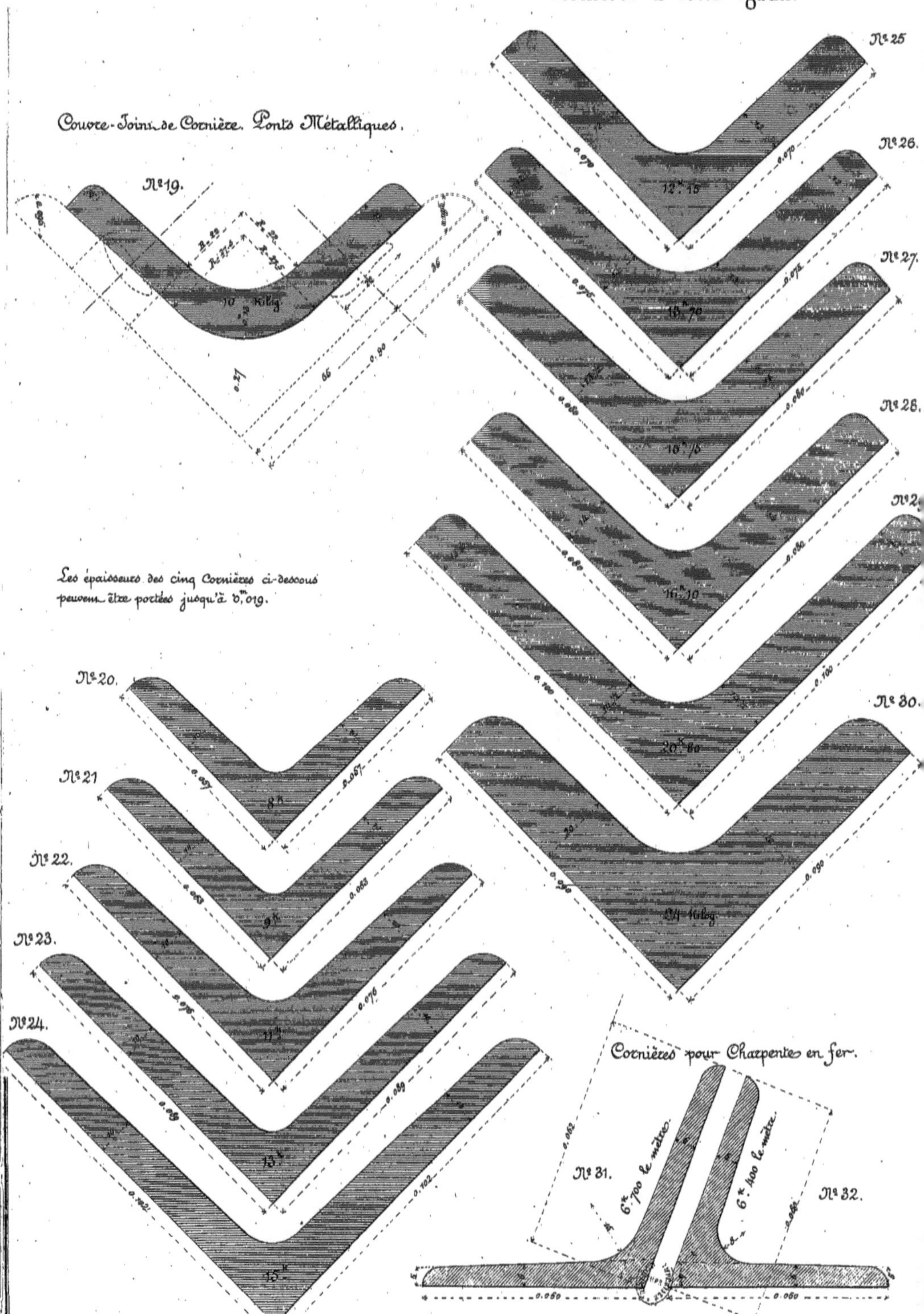

Lith. Broise et Thieffry, R. de Dunkerque. 6

Tableau de la Planche X.

Numéros des Modèles.	Les grandes branches des cornières diam. verticales. $\frac{I}{V'}$	Les grandes branches des cornières diam. horizontales. $\frac{I}{V'}$
1	0, 25	0, 11
2	0, 42	0, 16
3	0, 61	0, 19
4	1, 20	0, 35
5	1, 60	0, 38
6	0, 34	0, 18
7	0, 65	0, 28
8	0, 90	0, 37
9	1, 50	0, 56
10	2, 20	0, 64
11	0, 61	0, 19
12	4, 60	3, 80
13	4, »	2, 30
14	4, 50	2, 60
15	4, 52	3, 20
16	9, »	5, 90
17	5, 50	1, 60
18	13, 60	9, 65
19	8, »	3, 30
20	10, 30	4, 40
21	16, 70	14, 20
22	19, »	14, 35

Pl. X.

ÉMILE CARTIER, AVENUE DE SEINE A ROUEN.

Cornières à côtés inégaux.

(Les épaisseurs peuvent être augmentées).

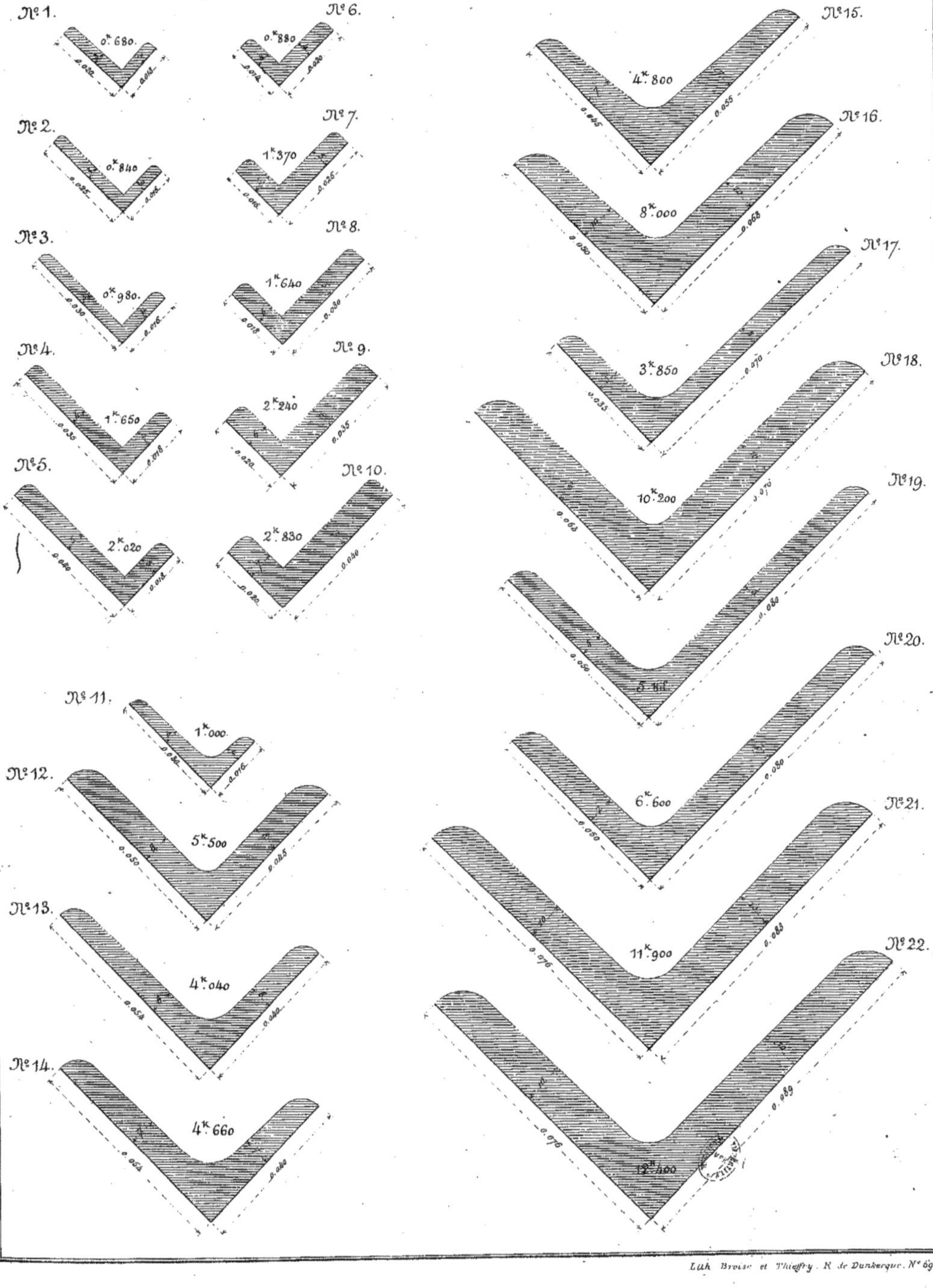

N° 1. 0k.680
N° 2. 0k.840
N° 3. 0k.980
N° 4. 1k.650
N° 5. 2k.020
N° 6. 0k.880
N° 7. 1k.370
N° 8. 1k.640
N° 9. 2k.240
N° 10. 2k.830
N° 11. 1k.000
N° 12. 5k.500
N° 13. 4k.040
N° 14. 4k.660
N° 15. 4k.800
N° 16. 8k.000
N° 17. 3k.850
N° 18. 10k.200
N° 19. 5.40
N° 20. 6k.600
N° 21. 11k.900
N° 22. 12k.400

Lith. Breise et Thieffry. R. de Dunkerque, N° 69

Tableau de la Planche XI.

Numéros des Modèles.	Les grandes branches des cornières étant verticales $\frac{I}{V'}$	Les grandes branches des cornières étant horizontales $\frac{I}{V'}$
23	16	10
24	30	13
25	26	17
26	24	6
27	26	15
28	28	10
29	49	22, 50
30	43	19, 50
31	50	29
32	47	18

ÉMILE CARTIER, AVENUE DE SEINE A ROUEN.

Pl. XI.

Cornières
à côtés inégaux.

Les épaisseurs de ces cornières peuvent être augmentées.

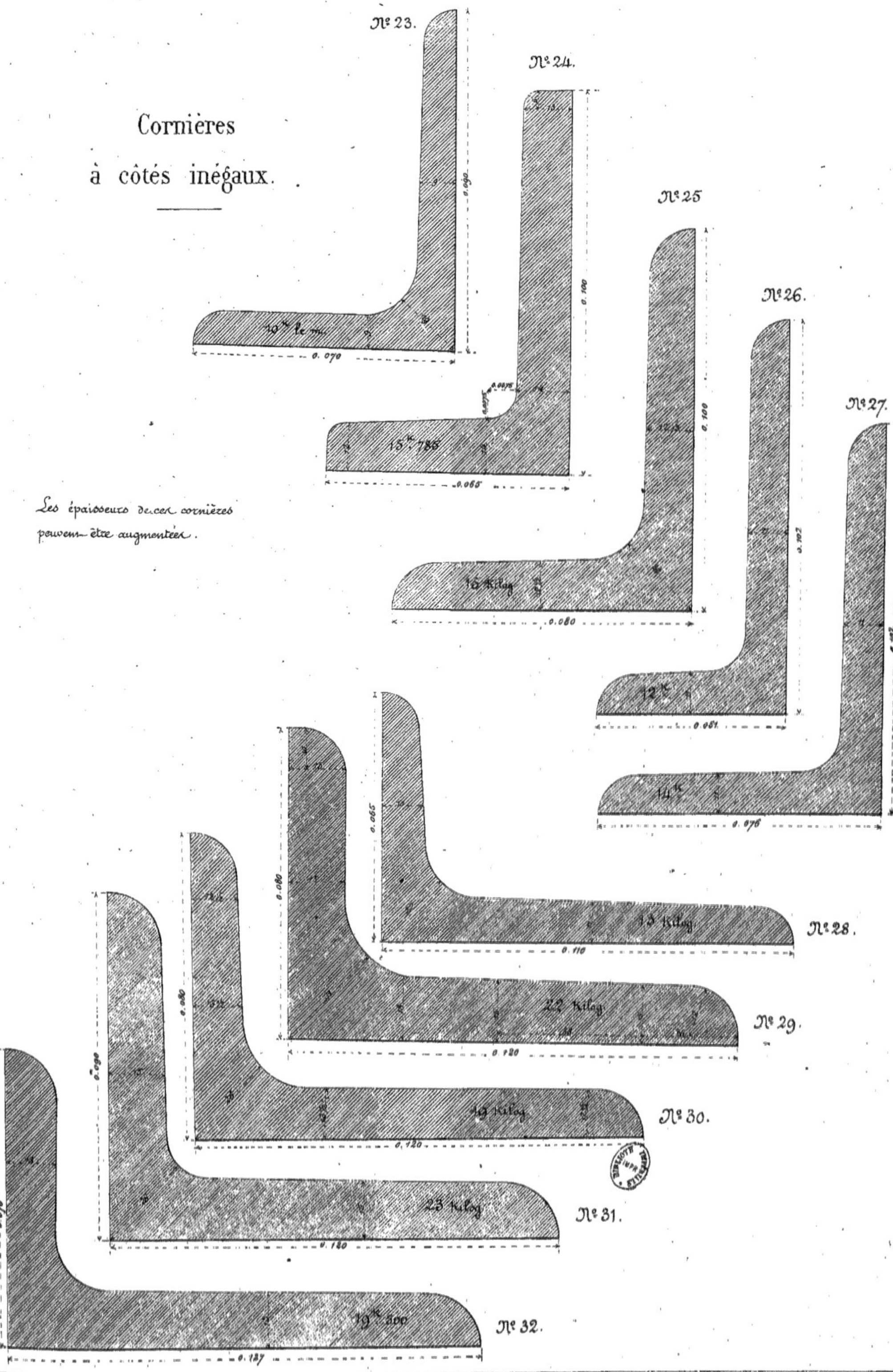

Nº 23. 10k le m. 0.070 0.090

Nº 24. 15k 785 0.065 0.100

Nº 25. 16 Kilog 0.080 0.100

Nº 26. 12k 0.081 0.102

Nº 27. 14k 0.076 0.102

Nº 28. 13 Kilog 0.110 0.065

Nº 29. 22 Kilog 0.120 0.080

Nº 30. 19 Kilog 0.120 0.080

Nº 31. 23 Kilog 0.130 0.090

Nº 32. 19k 300 0.137 0.076

Tableau de la Planche XII.

Numéros des Modèles.	Les grandes branches des cornières étant verticales. $\frac{I}{v'}$	Les grandes branches des cornières étant horizontales. $\frac{I}{v'}$
33	54	15
34	61	21
35	70	48
36	63	15
37	74	14
38	91	19
39	134	45
40	225	64

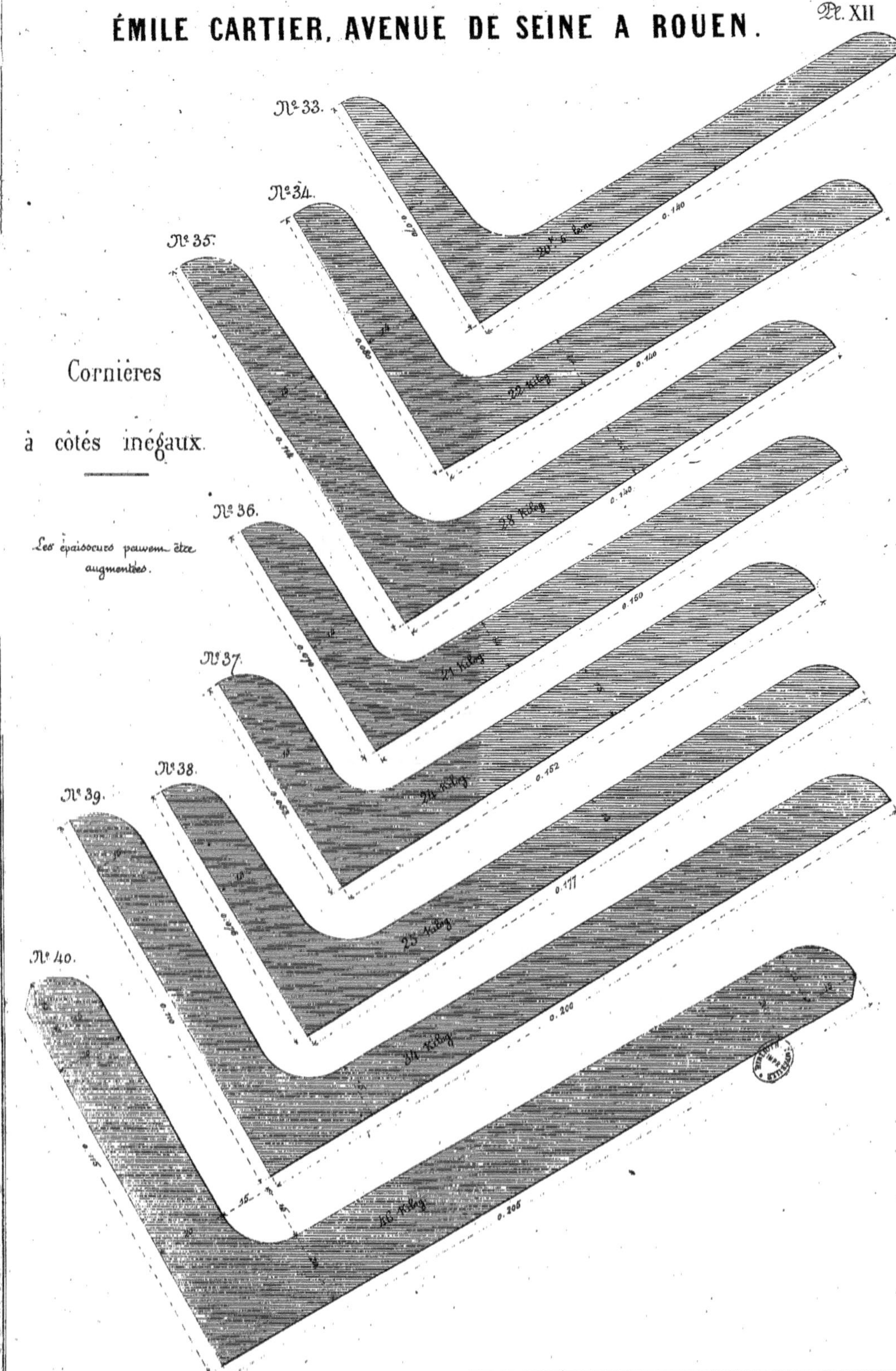
ÉMILE CARTIER, AVENUE DE SEINE A ROUEN.
Pl. XII
Cornières
à côtés inégaux.
Les épaisseurs peuvent être augmentées.
N° 33.
N° 34.
N° 35.
N° 36.
N° 37.
N° 38.
N° 39.
N° 40.
Lith. Broise et Thiéry, Rue de Dunkerque.

Tableau de la Planche XIII.

Numéros des Modèles.	$\frac{I}{v'}$	$\frac{\left(\frac{I}{v'}\right)}{P}$	Poids uniformément répartis à faire supporter pour les portées de:					
			0m 50	1m "	2m "	3m "	4m "	5m "
7	0, 54	0, 46	60 Kilos	29 Kilos	13 Kilos	"	"	"
8	1, "	0, 54	111	54	24	14 Kilos	"	"
9	1, 45	0, 63	161	79	36	20	"	"
10	2, 20	0, 69	245	120	55	31	18 Kilos	"
11	3, 15	0, 87	351	173	82	48	30	17 Kilos
14	2, 20	0, 52	244	119	53	28	14	"
15	3, 60	0, 85	403	197	92	54	33	18

ÉMILE CARTIER, AVENUE DE SEINE A ROUEN.

Pl. XIII.

Fers à Vitrages.

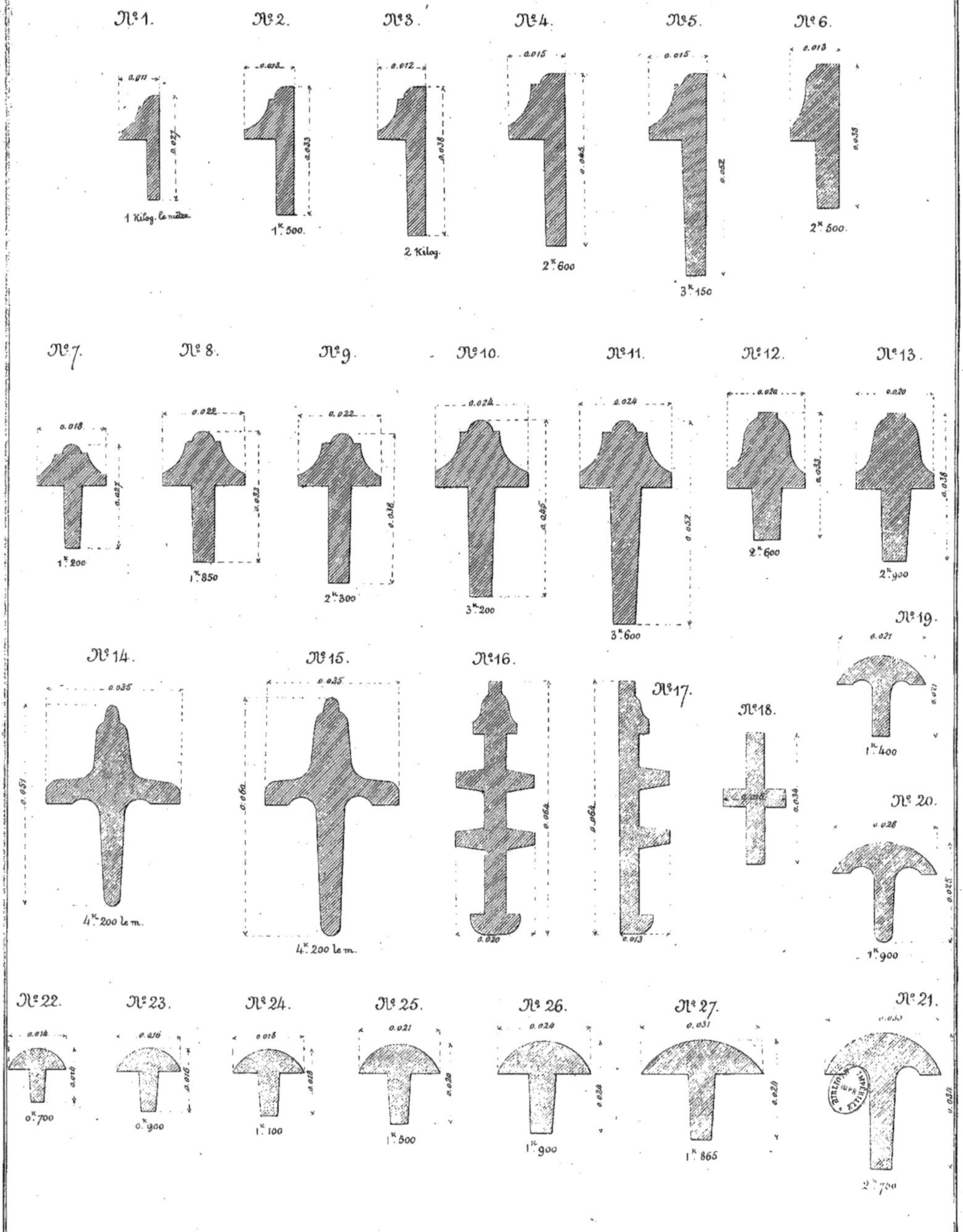

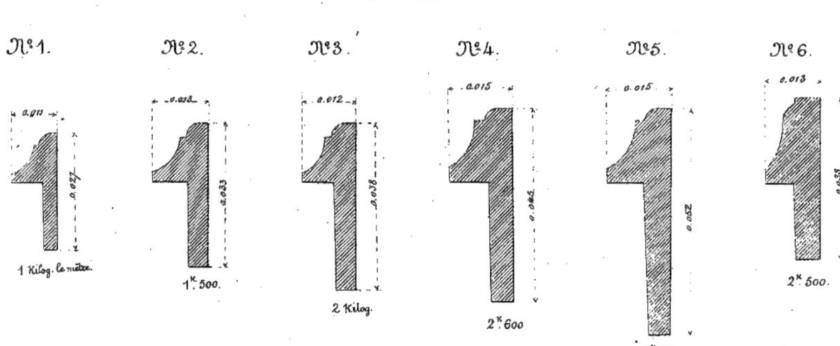

Nº 7. Nº 8. Nº 9. Nº 10. Nº 11. Nº 12. Nº 13.

1K. 200 1K. 850 2K. 300 3K. 200 3K. 600 2K. 600 2K. 900

Nº 14. Nº 15. Nº 16. Nº 17. Nº 18. Nº 19. Nº 20.

4K. 200 le m. 4K. 200 le m. 1K. 400 1K. 900

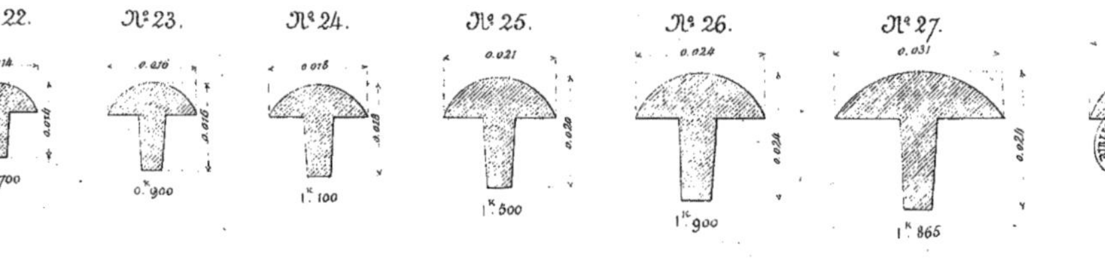

ÉMILE CARTIER, AVENUE DE SEINE A ROUEN.

Pl. XIV.

Demi - Ronds.

Plates bandes unies pour Mains courantes.

Minimum. Maximum. Minimum. Maximum.

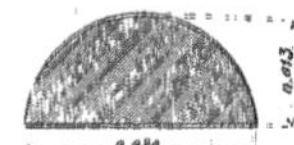

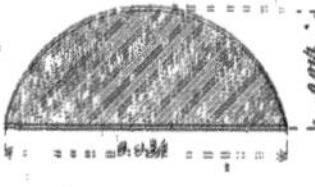

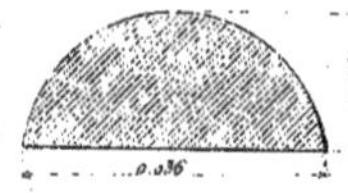

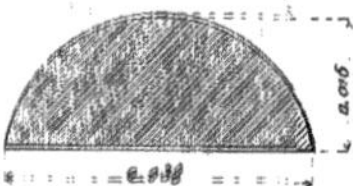

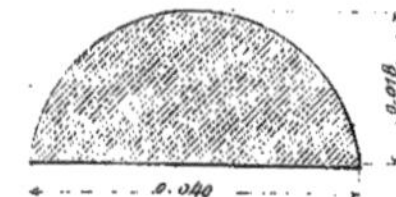

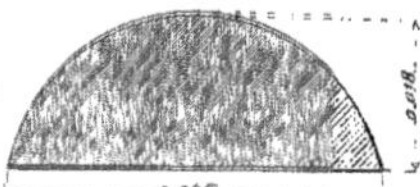
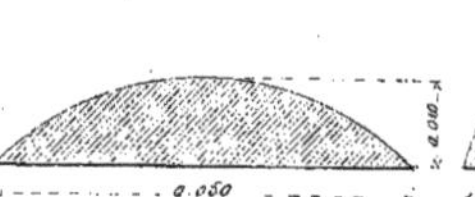
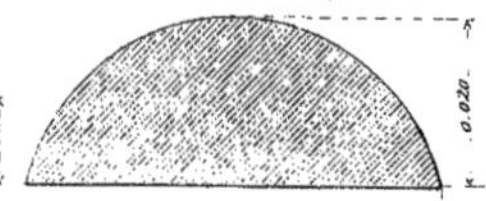

Main courante de Ponts.

6f 660 le mètre

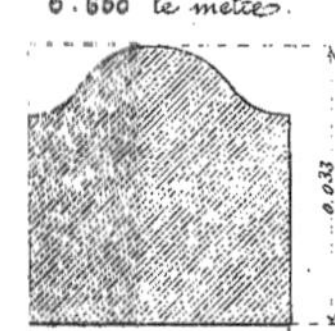
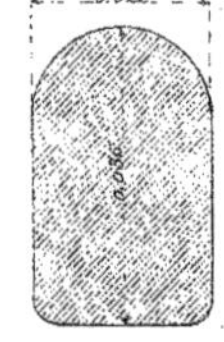
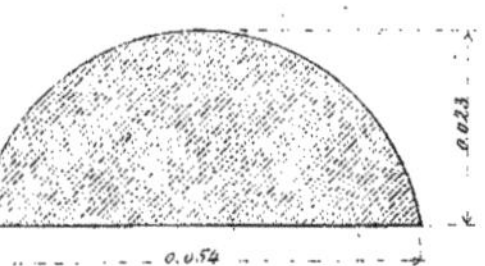

Mains courantes à Moulures.

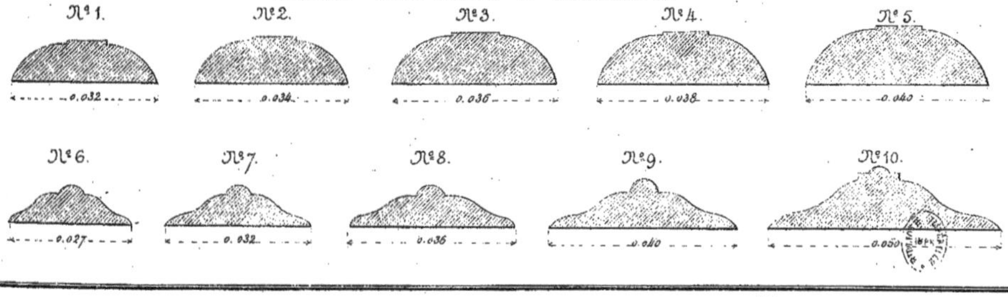

N° 1. N° 2. N° 3. N° 4. N° 5.

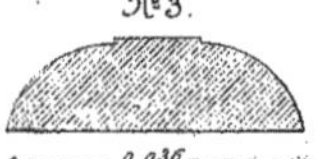

N° 6. N° 7. N° 8. N° 9. N° 10.

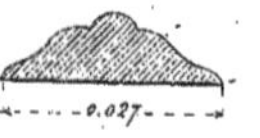
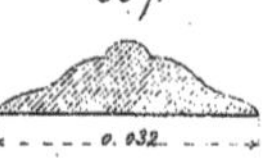
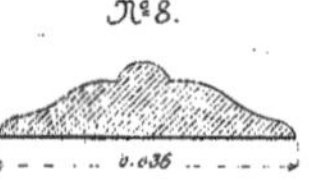
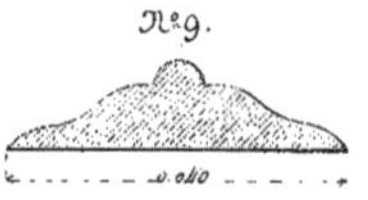
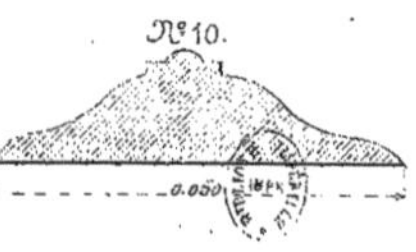

Lith. Broise et Thieffry. R. de Dunkerque. 69.

ÉMILE CARTIER, AVENUE DE SEINE A ROUEN.

Rails pour Chemins de Fer

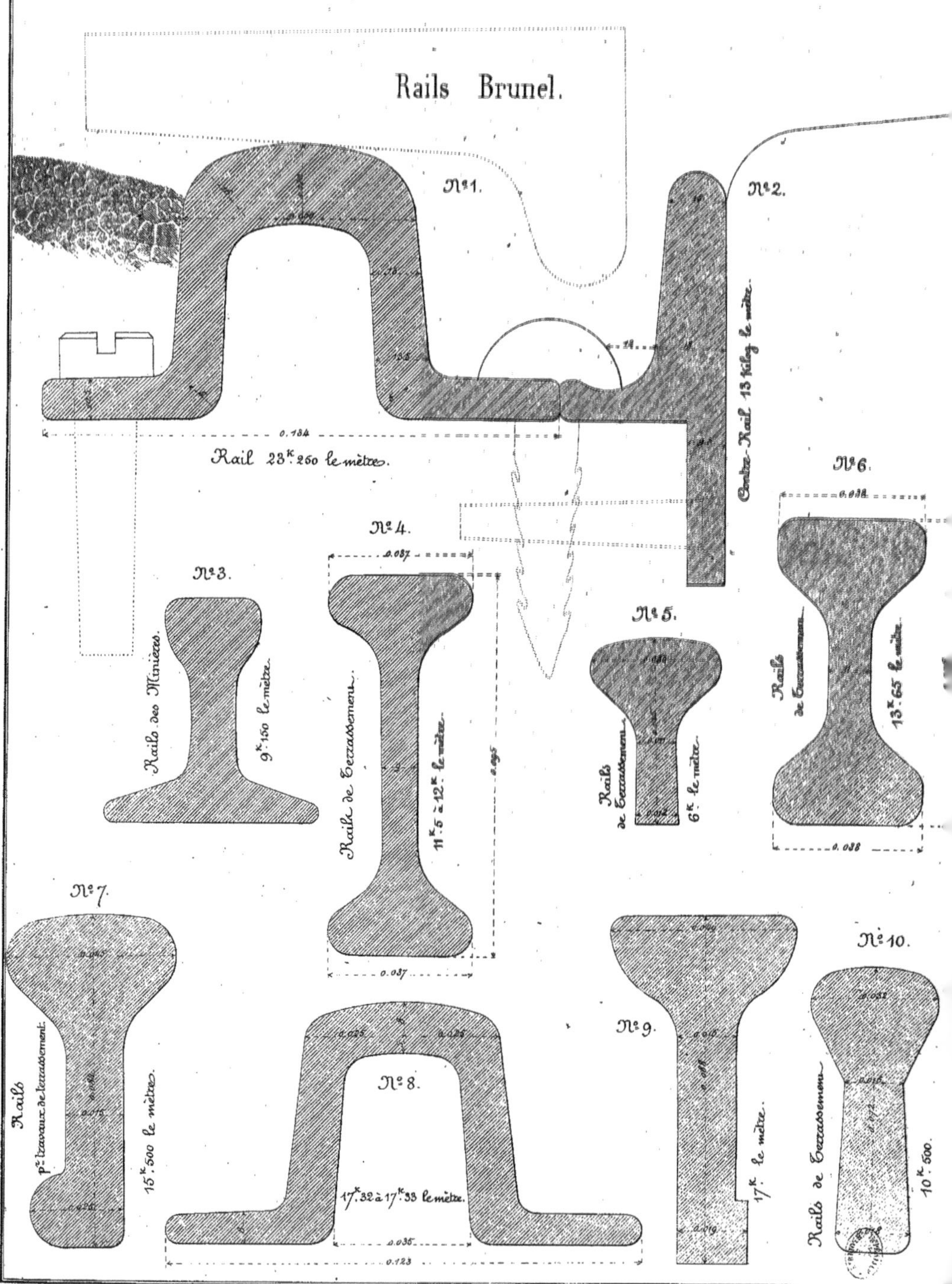

Note pour la Planche XVI.

Les fers à rebords ; Modèles Nº 6 et 7 sont employés principalement pour la confection des pots qui dans les filatures reçoivent le coton à sa sortie des métiers.

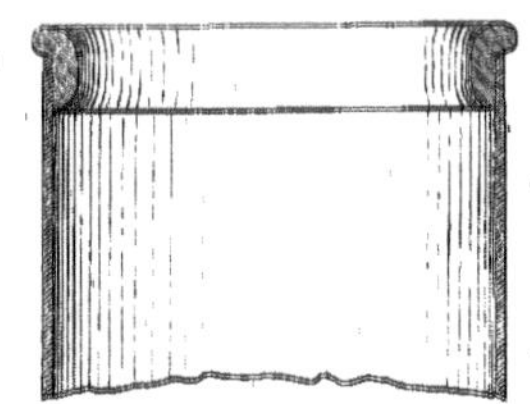

ÉMILE CARTIER, AVENUE DE SEINE A ROUEN.

Pl. XVI.

Fers divers.

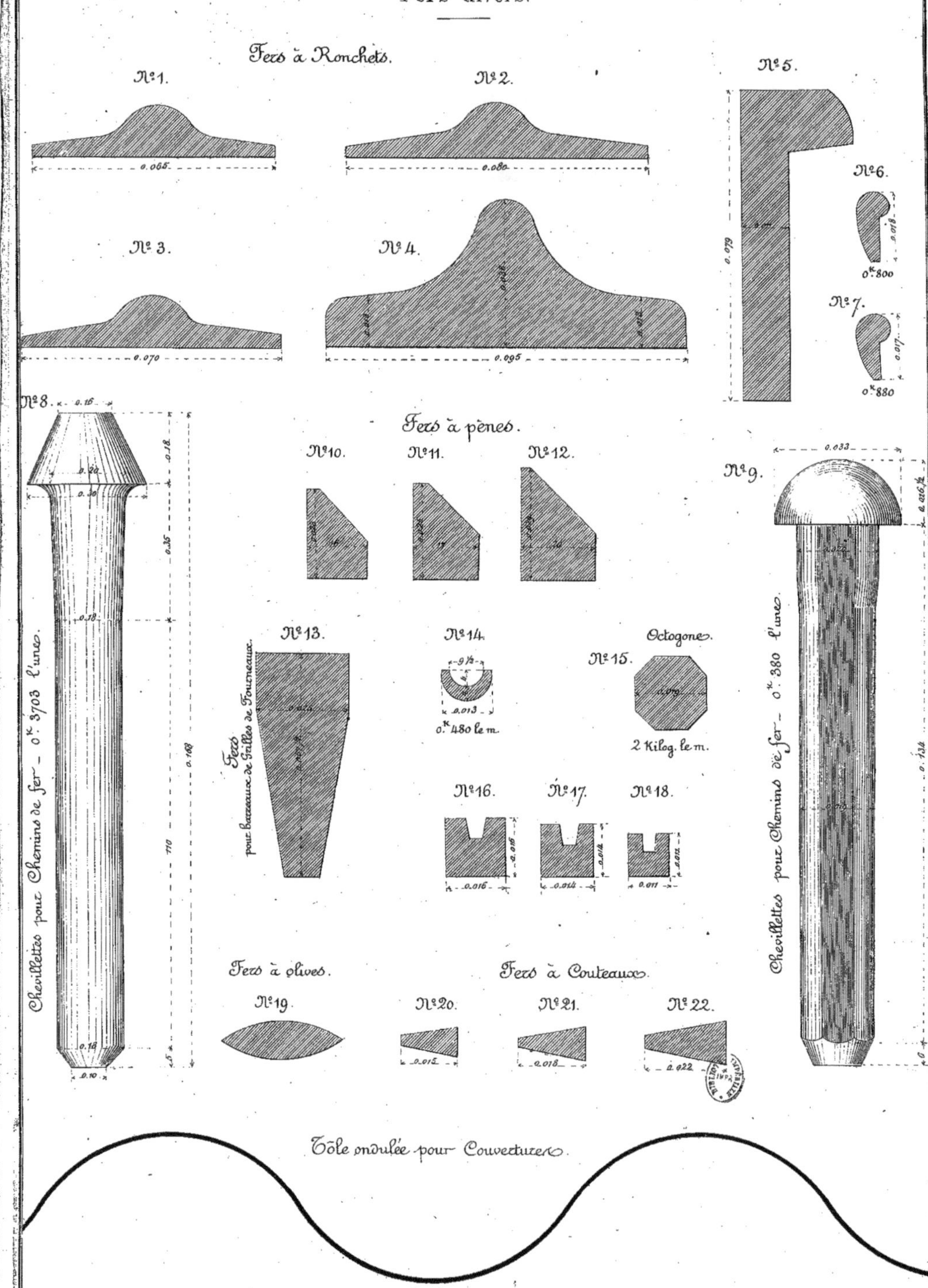

www.ingramcontent.com/pod-product-compliance
Ingram Content Group UK Ltd.
Pitfield, Milton Keynes, MK11 3LW, UK
UKHW021519260726
13993UKWH00004B/1762